河合 敦

●●

殿様は「明治」をどう生きたのか2

扶桑社文庫
0739

はじめに

江戸時代は、今よりずっと地方分権型社会だったといえる。

徳川家という抜きん出た巨大大名が武家政権（江戸幕府）を開いて全国を統制していたものの、二百六十以上を数える大名家の政治や教育については、基本的に口を出さなかった。このため藩の伝統が生まれ、独自の士風が形成されていった。

ところが明治四年（一八七一）、新政府は一夜にして藩を潰し、県を置いて中央政府からお役人を派遣して統治することにした。こうして地方分権型社会は終わりを告げ、殿様（大名）たちは土地と家来・領民を失って、東京居住を余儀なくされた。

そんな殿様たちはいったい、明治という新しい時代をどのように過ごしたのか。そこに興味を持って、『殿様は「明治」をどう生きたのか』を出版したところ、大いに好評を博した。

だが、さらに調査してみると、もっとユニークで、かつ、波瀾《はらん》に富んだ人生を送った殿様が何人もいることがわかった。そこで今回、本書を上梓《じょうし》した次第である。

たとえば、坂下門外《さかしたもんがい》の変で失脚した老中の安藤信正《あんどうのぶまさ》――磐城平《いわきたいら》藩主は、じつは戊辰《ぼしん》戦争のさい、奥羽越列藩同盟《おううえつれっぱんどうめい》に属して奮戦していたのだ。九鬼《くき》水軍の末裔《まつえい》・隆義《たかよし》（三《さん》田《だ》藩主）は、クリスチャンになり、商社を経営している。松平乗謨《まつだいらのりかた》は、五稜郭《ごりょうかく》と同じ西洋型城郭（龍岡城《たつおかじょう》）をつくり若年寄として活躍したのち、新政府で日本の勲章制度を完成させた。最後の佐賀《さが》藩主・鍋島直大《なべしまなおひろ》は、長年の留学で身につけた西洋の知識を活用し、「プリンス・ナベシマ」として社交界で大活躍。一宮《いちのみや》藩主・加納久宜《かのうひさよし》は、県《けん》令《れい》として西南戦争で荒廃した鹿児島県を復興。晩年は信用組合を創設するなど、一町長として人々のために生きた。その他、最後の将軍・徳川慶喜《とくがわよしのぶ》の人生、桜田門外《さくらだもんがい》で直《なお》弼《すけ》が殺されたのちの井伊家などを紹介した。

殿様たちの意外なその後を知って、きっと、みなさんは大いに驚かれることと確信している。

二〇二一年六月　河合敦

殿様は「明治」をどう生きたのか2▼目次

第三章　郷里とともに

第一章

老兵は去るのみ

徳川慶喜

趣味に生きるしかなかった最後の将軍

天保八年（一八三七）～大正二年（一九一三）

とくがわ よしのぶ

●国名　なし
●居城　江戸城
●石高　700万石
●爵位　公爵

江戸幕府最後の将軍。天保8年（1837）、水戸藩主・徳川斉昭の七男として誕生。弘化4年（1847）年、一橋家に養子に入る。文久2年（1862）、14代将軍家茂の後見職となり、その病死を受けて、慶応2年（1866）、30歳で15代将軍となる。幕政改革を進めるも幕府の弱体化は明らかで、翌年、政権を朝廷に返上。しかし、慶応4年（1868）正月の鳥羽・伏見の戦いで新政府軍に敗れて朝敵となり、謹慎の身となる。以降は政治に関わることなく、趣味に生きた。大正2年（1913）、77歳で逝去。

将軍家《しょうぐんけ》

江戸時代265年にわたって、大名たちの上に君臨した。直轄地（天領）400万石からの年貢収入をはじめ、貿易や鉱山採掘などの収益があり、総石高は一説に700万石といわれる。幕藩体制の頂点に立つ徳川将軍家は、まさに全国一の大大名であった。

徳川慶喜（茨城県立歴史館蔵）

逃がした将軍の座

徳川慶喜《とくがわよしのぶ》は、水戸《みと》藩主徳川斉昭《なりあき》の七男として生まれ、一橋《ひとつばし》家（御三卿《ごさんきょう》の一つ）を継承した。たいへん聡明《そうめい》であったことから、病弱な十三代将軍家定《いえさだ》の後継者と目されたが、家定の従弟《いとこ》で紀州《きしゅう》藩主の徳川慶福《よしとみ》を推《お》す南紀《なんき》派に敗れてしまう。南紀派の井伊直弼《いいなおすけ》が大老に就任し、強引に後嗣《こうし》（跡継ぎ）を慶福（のちの家茂《いえもち》）に決定したからだ。そこで慶喜を推す一橋派が抗議すると、前水戸藩主斉昭、尾張《おわり》藩主徳川慶勝《よしかつ》、福井《ふくい》藩主松《まつ》平春嶽《だいらしゅんがく》（慶永《よしなが》）など一橋派の面々は井伊に処罰され、慶喜自身も登城停止処分となった。安政《あんせい》の大獄《たいごく》の始まりである。

だが、安政七年（一八六〇）三月、井伊は水戸藩士らに桜田門外《さくらだもんがい》で殺されてしまう。さらに文久《ぶんきゅう》二年（一八六二）正月、老中の安藤信正《あんどうのぶまさ》も坂下門外《さかしたもんがい》で襲撃されて失脚すると、幕府の威信は地に墜《お》ちた。そんな状況のなか、同年薩摩《さつま》藩主の実父島津久光《しまづひさみつ》が勅《ちょく》命《めい》を奉じて大軍で江戸へのぼり、幕府に政治改革を迫った。

幕府はその要求を受け入れて文久の改革を実施するが、改革にあたって人事が刷新され、慶喜は将軍後見職（将軍の補佐役）に登用された。そう、復権したのである。やがて京都へ赴《おもむ》いた慶喜は、孝明《こうめい》天皇や親幕派の公家から頼りにされ、元治《げんじ》元年（一八六四）には朝廷の禁裏御守衛《きんりごしゅえい》総督に任命され、大きな政治力を有するようになる。

幕府は慶喜の勢力増大を危惧して江戸に召還しようとしたが、慶喜は巧みにこれを阻止し、世間は「幕府には将軍が二人いる」と噂するほど慶喜の力は大きくなった。

慶応《けいおう》二年（一八六六）六月、幕府軍（諸藩混成軍）は征討のために長州《ちょうしゅう》藩へ攻め入ったが、戦況ははかばかしくなく、しかも七月、将軍家茂が体調を崩して大坂城で逝去《せいきょ》してしまった。家茂は征討へ出立する前夜、「私に万が一のことがあれば、跡目には田安亀之助《たやすかめのすけ》（当時四歳）を立てよ」と老女滝山《たきやま》（大奥の実力者）に告げていた。亀之助は御三卿の一つ田安家の七代当主で、十三代将軍家定とは又従弟にあたった。

田安亀之助（福井市立郷土歴史博物館蔵）

ただ、亀之助はまだ四歳の幼児。現実問題として、将軍になってこの政治的混乱を収拾できるのは慶喜しかいなかった。そこで連日のように幕臣たちが、慶喜に対して将軍職を継ぐよう勧めに来たが、慶喜は「大奥や譜代《ふだい》大名が反対しており、世間も私に野心があるように噂している」と固辞し続けた。

結局、徳川宗家の相続は承諾したものの、将軍職は受け入れなかったのである。いままでは、宗家の相続は将軍襲封《しゅうほう》も意味していたから、これは前代未聞のことであった。

慶喜はあえて分離することで、反対派の気勢を殺《そ》ごうと考えたのだろう。

こうして同年八月、慶喜は徳川宗家の当主となった。

それから四ヵ月後、ようやく将軍職も受諾し、十五代将軍になったのである。慶喜は、八ヵ条の政治方針を老中たちに提示し、猛然と政治改革を進めた。旗本すべてを遊撃隊《ゆうげきたい》と称する銃隊に編成、知行高に応じて幕臣に莫大な金銭の供出を命じ、その金で傭兵《ようへい》を雇って一万数千人の近代的歩兵軍を創出したのだ。また、フランス公使ロッシュに依頼して軍事顧問団を招いた。慶応三年初めに来日したブリュネらフランス人士官らは、選抜兵に一年近く徹底的な洋式歩兵訓練を施した。

ちなみにその主力部隊（伝習隊《でんしゅうたい》）は、幕府瓦解後、歩兵奉行《ほへいぶぎょう》大鳥圭介《おおとりけいすけ》に率いられて江戸府内から脱走、北関東から東北を転戦し、さらに箱館へ渡って抗戦、明治二年（一八六九）五月に五稜郭《ごりょうかく》が開城したことで武装を解除した。

先取りしていた斬新な改革

慶喜は、政治組織も大きく改めた。これまでは複数の老中たちの合議制で幕政が運営されていたが、これを現代の内閣制度に近いかたちにしたのだ。

将軍慶喜が政権の頂点に立ち、板倉勝静《いたくらかつきよ》を老中首座に抜擢《ばってき》して官房長官のように政治を補佐させた。将軍のもとには国内事務総裁、外国事務総裁、会計総裁、海軍総裁、陸軍総裁を置いたが、これは現在の省庁の大臣のようなものといえよう。

さらに幕臣の西周《にしあまね》や津田真道《つだまみち》などに、新しい政治体制の立案を命じた。西周の「議題草案」と称する政治制度はその一つだ。

同案は、大君《たいくん》と称する宰相《さいしょう》が頂点に立って公府（内閣）と議政院（国会）を握る官制になっている。研究者の田中彰氏によれば、公府は大坂に置かれ、全国事務府、外国事務府、国益事務府、度支《たくし》事務府、寺社事務府、学政事務府の六府（省）に分かれ、行政権だけでなく司法権も握るシステムになっているそうだ。議政院（国会）は上院と下院に分かれ、上院は大名で構成されるが、下院は各藩主が人望のある人物を選んで議員に任じることとした。大君は、公府のリーダーとして政治を動かすとともに、上院の議長を務め、下院を解散させる権限を有していた。

諸藩の存在は認めており、必ずしも欧米のような近代的統一国家ではなかったが、

二条城から退去する徳川兵（国立国会図書館蔵『近世太平記』より）

慶喜自身は藩を廃して郡県制度を成立させ、幕府を中心とする近代的統一国家を目指していたともいわれる。

また「議題草案」では、天皇には山城国《やましろのくに》を与えるとしたものの、政治に関与できない仕組みになっており、現代の象徴天皇制に近いかたちといえる。

　慶喜の慶応改革は一年で終わりを告げたため、経済政策では見るべき成果は出ていないが、その構想は驚くべきものだった。まずはフランス政府と六百万ドルの借款《しゃっかん》契約を結んだ。当時としては莫大な額で、この資金があったればこそ、軍事改革や武器・弾薬・艦船の大量購入が可能になったのだ。また、ロッシュは幕府に年貢以外からの収入を増やすように助言した。不動産税、営業税、酒や煙草、茶や生糸に対する物品税の創設を説いた。まさに、数年後に明治政府が実施する政策であった。

さらに、鴻池《こうのいけ》など大坂の豪商数名とフランス企業を提携させて交易組織を立ち上げ、兵庫における貿易をこの組織に独占させる計画をした。これもロッシュの提案で、フランス政府は対日貿易の独占をねらっていたわけだ。幕府は、フランス政府と借款契約を結んださい、蝦夷地《えぞち》、または九州の租借を約束したともいわれ、慶喜のやり方は、フランスによる植民地化の危険を招くものであった。

ともあれ、もし幕府が倒れなければ、おそらく幕府自身の手により廃藩置県がおこなわれ、近代国家が成立していた可能性が高い。歴史の流れというのは、止められないものであることがよくわかる。

この幕政改革は倒幕運動の高まりにより、慶応三年（一八六七）十月に終わりを告げた。慶喜が大政奉還《たいせいほうかん》（政権の返上）をおこない、幕府自体が地上から消滅したからだ。大政奉還は、ほとんど家臣に相談することなく慶喜個人の意志で決定したとされる。だからこれを知った幕臣たちには反対した者も少なくなかった。だが、慶喜は「徳川家を存続させ、新しく朝廷に生まれる政府を支えよう」という政治判断があって、政権を返上したようだ。

ところが同年十二月九日、薩長を中心とする倒幕派が朝廷内でクーデターを起こし、王政復古《おうせいふっこ》の大号令を発して新政府の樹立を宣言、同時に慶喜に対して辞官納地《じかんのうち》（内大臣の免職と領地の返上）を迫った。倒幕派はわざと徳川家に厳しい処断を下し、徳川家が暴発したところを武力討伐してしまおうと考えたのだ。慶喜はそのもくろみを察し、京都の二条城から兵を率いておとなしく大坂城へ移り、事態を静観することにした。

案の定、しばらくすると慶喜に同情が集まり、朝廷の新政府において倒幕派が失脚、慶喜が政権のリーダーになることがほぼ決定的となった。

ところがまもなく、事態は大きく変化する。

敗北が招いた幕府の終焉

これより前、薩摩《さつま》藩の西郷隆盛《さいごうたかもり》らが旧幕臣や佐幕《さばく》派（親幕府派）を挑発するため、江戸の町に多数の浪人を放ち、乱暴狼藉《らんぼうろうぜき》をおこなわせてきた。結果、佐幕派が憤激し、三田《みた》の薩摩藩邸を焼き払ってしまったのだ。この情報が大坂城に伝わると、兵たちは騒然となった。彼らを抑えられないと判断した慶喜は、京都への進撃を許可した。旧幕府軍一万五千に対し、薩長軍は五千程度なので、戦っても勝てると踏んだのだろう。

こうして慶応四年一月三日、鳥羽《とば》口と伏見《ふしみ》口で、薩長倒幕派の軍勢と武力衝突が起こったが、慶喜の予想に反して旧幕府軍はあっけなく敗北してしまう（鳥羽・伏見の戦い）。関東からは続々と旧幕府の兵がはせ参じつつあった。にもかかわらず、慶喜は戦意を喪失《そうしつ》する。開戦から三日後、家臣たちに内緒で大坂城を脱し、港から船に乗り込んで江戸へ逃げたのである。

当時、浜御殿《はまごてん》（現在の浜離宮）に幕府の海軍所が設置されていたが、勝海舟《かつかいしゅう》は「海軍所の船着き場に来るように」との命令を突然受けた。

勝が到着したときには、すでに慶喜を囲んで家臣たちが焚《た》き火をしていた、勝は薩長と戦うことに反対だったから、彼らの姿を見て腹が立ち、皆に向かって「だから言ったではないか、どうするつもりだ」と罵《ののし》った。しかし誰も反論しようとせず、青菜のように萎《しお》れてしまった、それを見て勝も「これほど弱っているのか」と情けなくなり、涙がこぼれそうになったという。

その後、勝と慶喜の間にどのような会話がなされたかわからないが、数日後、勝は海軍奉行並《なみ》を拝命、さらに陸軍総裁、若年寄格となり、慶喜から徳川家の全権をゆだねられることになった。

大坂からの逃亡のおり、慶喜は同行を命じた会津藩主松平容保《かたもり》や数名の側近には「江戸で再起をはかる」と威勢のいいことを言っていたが、勝に後始末を一任すると、江戸城を出て上野寛永寺《かんえいじ》の大慈院《だいじいん》で謹慎生活を始めてしまった。

静岡での趣味人生活

新政府は慶喜を朝敵とし、徳川を倒すべく東征軍を京都から進発させたが、これに西国諸藩が続々と加わり、大軍が江戸に迫ってくる状況になった。

しかし勝らの必死の努力によって、新政府軍の江戸城総攻撃は中止され、慶応四年（一八六八＝明治元年）四月十一日、徳川家は無血で江戸城を引き渡した。

この日、慶喜も処刑を免《まぬか》れ、その身柄は大慈院から生まれ故郷の水戸へ移されることになった。水戸では数日前に藩主徳川慶篤《よしあつ》（慶喜の兄）が病歿しており、その事実はまだ公表されていなかった。この時期の水戸藩は、諸派に分かれて家臣たちが泥沼の抗争を続けていた。

慶喜は藩校・弘道館の一室に幽居する。それから一月後、徳川宗家は六歳の田安亀之助（徳川家達《いえさと》）が継承することになり、慶喜の隠居が正式に決まった。五月には徳川家に静岡七十万石が与えられることになった。慶喜は政情が不安定な水戸を嫌い、静岡への転居を希望した。その要望は新政府の受け入れるところとなり、七月、慶喜は駿府《すんぷ》の宝台院《ほうだいいん》へ入った。

明治二年（一八六九）九月、慶喜は新政府から正式に赦免《しゃめん》されたが、二年後の明治四年、廃藩置県によって静岡藩（徳川家）は地上から消滅した。こうして完全に自由の身になった慶喜だが、それからも東京（江戸）へは戻らず、そのまま静岡に居続けた。

生活費は徳川宗家から出たが、慶喜には何の仕事もなかった。まだ三十代半ばでエネルギッシュな慶喜は、そのエネルギーをもてあまし、毎日のように鷹狩りや馬の遠乗りをした。また、清水《しみず》港までたびたび網打ちにも出かけた。

慶喜の趣味は驚くべき多さで、和歌や俳句、囲碁や書、能といった伝統的なものに加え、写真、サイクリング、ドライブも好んだ。とくに明治二十六年（一八九三）から本格的に始めた写真術はプロ級で、華族の写真雑誌『華影《はなのかげ》』に投稿して二等賞を受賞したほどの腕前だった。

徳川慶喜（茨城県立歴史館蔵）

正室の美賀子《みかこ》との間に生まれた女子は夭折《ようせつ》してしまったが、側室のお幸《こう》とお信《のぶ》は明治四年から明治二十一年まで、合わせて二十人以上（夭折も多い）の実子を産んでいる。

このように慶喜は、自由の身にな

ってからも一切政治には関与せず、二十年以上、趣味や子づくりに励んでいたのである。これは、大いに評価していいだろう。

というのは、明治時代半ばまで明治政府の政治権力は脆弱《ぜいじゃく》であったからだ。たとえば明治六年、征韓論をめぐって政府は大分裂し、内乱の危機を迎えている。それから数年間、不平士族の乱が続発し、明治十年ついに西郷隆盛も挙兵、半年間にわたる戦い(西南戦争)が起こった。その後も自由民権運動が高揚し、激化事件が相次いだ。静岡でも明治十九年に政府転覆をはかって大臣を暗殺しようとした静岡事件が起きている。

当然、こうした政争や反乱において、慶喜が反政府的言動をとれば、旧幕臣などが呼応し、あるいは政府を危機に陥《おとしい》れることは可能だったかもしれない。きっと、不穏《ふおん》分子も慶喜のもとに寄ってきたはず。が、あえて彼はその政治力を封殺したのである。これは、なかなかできることではあるまい。己を政治的に無能にし続けた。これが慶喜の最大の功績だといえよう。

そんな慶喜が初めて上京するのは明治十九年、実母登美子《とみこ》の病気見舞いにさいしてであった。

それから十一年後の明治三十年(一八九七)、慶喜は静岡を去って東京巣鴨に居を移した。すでに六十歳になっていた。もう慶喜が首都にのぼったとて、動揺が起こるような時代ではなくなっていた。

天皇との歴史的な再会

翌明治三十一年（一八九八）、慶喜は皇居に参内《さんだい》して明治天皇に拝謁《はいえつ》した。三十年ぶりの再会であった。四十七歳の天皇は、温かく最後の老将軍をもてなしたと伝えられる。

参内の翌日、慶喜は勝海舟の屋敷を訪れた。勝は「これで俺も重荷を下ろした」と述べているので、拝謁の儀の実現に尽力したのは勝であり、慶喜はその礼に訪問したのであろう。

勝は江戸無血開城に成功したのち、明治政府に出仕し、政府の高官となったが、その一方で、徳川旧臣らの生活が成り立つよう、さまざまなか

勝海舟（国立国会図書館蔵）

たちで助力してきた。徳川家を潰してしまった慶喜にとって、まさに頭の上がらぬ老臣だった。それに勝は、嫡男《ちゃくなん》の小鹿《ころく》が死んだのち、慶喜の十男精《くわし》を養子に迎えていた。つまり縁戚でもあったのだ。

そんな勝が翌三十二年一月十九日、七十七歳で死去した。この連絡があると、ただちに慶喜は人力車で赤坂の勝邸に駆けつけた。このとき慶喜は、車夫に向かって「急げ、急げ」と言い、車内をしきりに蹴ったという（遠藤幸威著『女聞き書き 徳川慶喜残照』）。それほど心が急《せ》いていたのだろう。

慶喜が勝海舟逝去《せいきょ》の電報を受け取ったのは午後七時十五分、それからわずか二十五分後に屋敷から出て勝家に向かっている。慶喜にとって、いかに勝が大切な人物だったかがよくわかる。

明治三十五年、慶喜は公爵《こうしゃく》に叙《じょ》された。すでに徳川宗家が公爵に叙されており、それとは別に慶喜は爵位を賜ったのである。さらにいえば、慶喜の嫡男（四男）厚《あつし》が徳川からの分家を認められ、男爵に叙されていた。それとも別に爵位を慶喜に与えたわけで、明治天皇の厚遇がよくわかる。

東京に来て慶喜が最も好んだ趣味は写真と狩猟であった。とくに鳥打ちに熱中し、多くの鳥を捕えては使用人たちに下賜《かし》したといわれる。『女聞き書き 徳川慶喜残照』

によれば、猟仲間として皇太子（のちの大正天皇）がおり、よく一緒に狩猟に出かけたという。皇太子は慶喜を「ケイキさん」と呼び、慶喜は皇太子を「殿下」と呼んだ。あるとき、皇太子は慶喜が持つ最新の銃を欲しがったので、慶喜は似た銃を探して贈呈したという逸話も残る。いずれにせよ、次期天皇に慕われた慶喜は感無量だったろう。

慶喜は七十七歳で死去するが、それは明治の世が終わった大正二年（一九一三）十一月二十二日のことだった。慶喜は歴代将軍のなかで最も在任期間が短いが、一番の長生きであった。

安藤信正

運に見放される契機となった襲撃事件での失態

文政二年（一八二〇）～明治四年（一八七一）

あんどう のぶまさ

●国名　陸奥国
●居城　磐城平城
●石高　5万石
●爵位　子爵

文政2年（1819）、磐城平藩主・安藤信由の嫡男として誕生。父の死により、28歳のときに磐城平藩主となる。弘化5年（1848）に幕府の奏者番について以降、要職を歴任。幕府の老中、外国御用取扱として諸外国との交渉や攘夷派襲撃事件処理にあたる。文久2年（1862）1月15日、江戸城の坂下門外で水戸浪士らに襲われ、老中を免ぜられたのち、永蟄居を命じられた。戊辰戦争では奥羽越列藩同盟に加わり、新政府軍と戦う。永蟄居の処分が解かれた2年後、52歳で逝去。

磐城平藩《いわきたいら》

徳川家康側近の鳥居忠政が入封、城下町の整備など、藩の基礎を確立した。その後、内藤氏6代124年の治世が続く。内藤氏が国替えとなり、井上氏が藩主となるが、次いで美濃加納藩主の安藤信成が5万石で入封、以後は幕末まで安藤氏7代が続いた。

安藤信正（個人蔵）

激動の時代に老中就任

安藤信正《あんどうのぶまさ》という人物は、ほぼすべての『高校日本史B（通史）』の教科書に登場する。それほど日本史にとっては重要な人物なのだ。その活躍については、次のように教科書で紹介されている。

「老中安藤信正は、朝廷（公）と幕府（武）の融和《ゆうわ》をはかる公武合体《こうぶがったい》の政策をとり、孝明《こうめい》天皇の妹和宮《かずのみや》を将軍徳川家茂《とくがわいえもち》の妻に迎えた。この政略結婚は尊王攘夷《そんのうじょうい》論者から非難され、安藤は1862（文久《ぶんきゅう》2）年、江戸城坂下門外《さかしたもんがい》で水戸《みと》脱藩士らに傷つけられて老中を退いた（坂下門外の変）」（山川出版社『詳説日本史B』）

安藤信正は、文政《ぶんせい》二年（一八一九）に磐城平《いわきたいら》藩主（五万石）安藤信由《のぶより》の嫡男《ちゃくなん》として江戸に生まれた。二十八歳のときに家督を継ぎ、寺社奉行《じしゃぶぎょう》を経て若年寄《わかどしより》を務め、四十二歳の安政《あんせい》七年（一八六〇）正月十五日に老中となった。分掌《ぶんしょう》としては外国事務取扱《じむとりあつかい》に任じられ、幕府の外交を担った。いまでいえば、外務大臣のような役職である。

老中就任からわずか四十日後、衝撃的な事件が起こった。大老の井伊直弼《いいなおすけ》が桜田門《さくらだもん》外《がい》で殺害されたのだ。

井伊が殺されたのは、反対派や尊王攘夷派（天皇を敬い、外国勢力を排除しようとする一派）を弾圧し（安政の大獄《たいごく》）、朝廷を抑え幕府の独裁をもくろんだからだ。大老が白昼にあっけなく殺害されたことで、幕府の権威は大いに失墜してしまった。そんな混迷のときに、政局を担うことになったのは、老中になったばかりの信正だった。

信正はこれまでの方針を大きく転換し、冒頭の教科書文にあるとおり、朝廷との融和をはかる公武合体政策を進め、その手始めに、孝明天皇の妹和宮を将軍家茂に降嫁《こうか》させたのである。

だが尊攘派は、「和宮降嫁の真のねらいは、天皇の妹を江戸に人質にとり、外国人と交易する勅許《ちょっきょ》を手に入れる手段であり、もしそれが叶《かな》わなければ、孝明天皇に譲位させようと考えているのだ」と信じた。当時の幕府は、攘夷主義者である孝明天皇の許可なく、外国と通商条約を結んでしまっていた。

また、万延元年（一八六〇）十二月に信正の部下であった外国奉行堀利熙《ほりとしひろ》が自殺した。これについて「堀は、信正が孝明天皇の廃位を計画していることに反対し、諫死《かんし》したのだ。なのに信正は、国学者の塙次郎《はなわじろう》に廃帝の例を調査させている」という噂が広がった。

坂下門外の変、そして永蟄居

こうして尊攘派は「安藤信正は、井伊直弼にまさる奸謀詭計《かんぼうきけい》をろうする男」と激しく憎悪し、ついに下野隼次郎《しものはやじろう》、岩間金平《いわまきんぺい》など水戸脱藩士らが襲撃を画策したのである。

文久二年（一八六二）正月十五日、この日、信正は朝五つ時に坂下門外から江戸城へのぼろうとした。桜田門外の変があってから、信正も用心のために腕の立つ三十人以上の部下を引き連れていた。

信正の駕籠《かご》が坂下門に差しかかったとき、大名見物をしている雑踏から一人の男が訴状をかかげて行列の前に飛び出してきた。このため、駕籠が止まった。すると、すぐさま轟音《ごうおん》が響いた。刺客の一人が短銃を駕籠めがけて発射したのである。これを合図に、脱藩士数名がばらばらと駕籠に駆け寄った。

しかし、そこからが桜田門外の変のときとは大きく異なった。警護の達人たちの前に、刺客たちはたちまちにして斬り伏せられ、六人が骸《むくろ》をさらしたのである。信正は傷を負ったものの命に別状はなく、その日も外国の使節と対面するなど、剛胆《ごうたん》な一面をのぞかせた。

とはいえ、またも幕府の最高首脳が襲撃されて手傷を負ったことで、尊攘派の勢いは増し、とくに京都では、急進派の公家と結んだ長州藩の志士たちが朝廷を牛耳るようになった。

そうした状況を危惧した薩摩《さつま》藩の実力者（国父）島津久光《しまづひさみつ》は、坂下門外の変から二カ月後、勅使《ちょくし》を奉じて兵一千人を引き連れ江戸へ入り、幕府に改革と人事の一新を強く求めたのである。

とくに安藤信正については、「怪我《けが》が治ったからといって、そのまま老中として勤務しているのはよくない。辞職させるべきだ」と記した建議書まで幕府に提出したのだ。このため翌月、信正は自主的に老中から降りることになった。しかし、久光はこれを不十分として、八月になると、ふたたび信正の罷免《ひめん》を強く求めた。結果、幕府は「老中在任中に不正の取りはからいがあった」として、信正を罷免したうえ領地を召し上げ、替え地は後日伝えるとし、隠居・永蟄居《えいちっきょ》を命じたのだ。

こうして信正は、歴史の表舞台から去ったのである。

罪が赦《ゆる》されたのは、それから六年後の慶応《けいおう》四年のことであった。すでに前年十月、大政奉還《たいせいほうかん》によって江戸幕府は消滅しており、江戸の周辺は新政府軍が取り巻く状況になってい

島津久光（国立国会図書館蔵）

た。

このときの磐城平藩主は、安藤信勇《のぶたけ》であった。信正の実子ではない。じつは信正が引退したとき、信正の実子で四歳の信民《のぶたみ》が藩主の地位を継承したが、翌年、夭折《ようせつ》してしまったのだ。そこで信民の従兄《いとこ》にあたる信勇（信濃岩村田《しなのいわむらだ》藩主内藤正縄《ないとうまさつな》の嫡男正義の三男）が安藤家を継いだのである。まだ少年だったこともあり、実権は永蟄居していた信正が握っていたといわれる。

新政府につくか、戦うか

磐城平藩は、美濃国《みののくに》や三河国《みかわのくに》に飛び地を持っており、美濃国渥美《あつみ》郡長森《ながもり》村に陣屋を置いていた。そこに同年二月初め、新政府の使者がやってきた。

すでにこの頃、鳥羽《とば》・伏見《ふしみ》の戦いで旧幕府軍を撃破した新政府は、江戸へ逃亡した前将軍徳川慶喜《とくがわよしのぶ》を朝敵として東征軍を進発させようとしていた。

使者がもたらした新政府の書状には「お前たちの主人安藤信勇は、慶喜に属して不埒《ふらち》であるからこの地を召し上げ、その管理は、新政府側についた尾張《おわり》藩にゆだねる。その旨《むね》をすぐに信勇に伝えよ。もし謝罪して、朝廷のために働くなら、考慮してやってもよい」という主旨《しゅし》が記されてあった。驚いた陣屋の役人は、すぐさま江戸にいる信勇にその旨を伝え、上洛を促したのだった。

そこで信勇は同月中に江戸を発し、京都に赴《おもむ》いて朝廷に謝罪したが、一方の安藤信正は国元の磐城平へくだった。

おそらく、国元の動揺を抑えようとしたのだろう。

磐城《いわき》（現在の福島県いわき市）地方には、磐城平、泉《いずみ》、湯長谷《ゆながや》の三藩があるが、東北地方に進駐してきた新政府軍によって、三藩は会津攻撃を命じられた。

だが、東北や北越の多くの藩が、新政府の命令に反発し、団結し始めていた。

このおり磐城平藩では、新政府につくか、それとも抵抗するかをめぐって、家中で議論がなされた。衆論が沸騰するなか、真木光《まきあきら》という儒学者が「すでに薩長が天子《てんし》を擁して天下に号令しています。もし我が藩がこれと戦えば、勝算がないばかりか、大義名分が立ちませぬ。また、将軍慶喜公もすでに新政府に恭順《きょうじゅん》しています。そのうえ主君の信勇公が京都におられ、新政府に敵対すれば、朝敵になるだけでなく、父子が東西に分かれて戦うことになります。となれば、利害得失はもはや明らか。それに、戦争というのは絵双紙《えぞうし》に描かれているような面白いものではなく、惨事です。好んで戦うべきではありません」と熱心に新政府に恭順すべきだと説いたのである。

ところが、この主張を聞いていた老公安藤信正は、突然、席を蹴って奥へ引っ込んでしまう。それは、断固戦うという無言の意思表示であった。

これで、議論は決してしまった。執政をはじめ家士たちは、この瞬間、新政府と戦うことを決めたのである。

こうして磐城平藩は、奥羽越列藩同盟《おううえつれっぱんどうめい》に加盟したのだった。

東北連合軍の抗戦

磐城平藩は小藩ゆえ、襲来してくる新政府軍から独力で領地を守ることができない。このため、にわかに農兵を組織するとともに、仙台《せんだい》藩や米沢《よねざわ》藩の応援を求めた。

ちょうどそんな時期にあたる六月、請西《じょうさい》藩主の林忠崇《はやしただたか》や遊撃隊《ゆうげきたい》隊長の人見勝太郎《ひとみかつたろう》ら百数十名が軍艦で小名浜《おなはま》に到着した。彼らは新政府に抵抗して小田原《おだわら》藩兵と戦ってきた歴戦の強者《つわもの》だった。この港で石炭を積み込んで仙台へ向かい、そこから会津《あいづ》を目指す予定だった。

これを知った信正は小名浜に使いを送り、林や人見らに対し「いまや新政府軍は大挙して東北に襲来しようとしている。この磐城の地は、東北の入口である。もしここが突破されたら、東北全体の士気にかかわる。磐城三藩はいずれも小藩で微力ゆえ、守り切れる自信がない。ぜひともあなたがたの力を貸してほしい」と訴えたのである。

磐城平城跡（福島県いわき市）

林と人見らは信正の頼みを受け入れ、磐城の地で敵を防ぐことに決めた。

それからまもなくの同月十六日、新政府軍が常陸国《ひたちのくに》（現在の茨城県）平潟《ひらかた》から上陸した。その主力は薩摩軍であった。すぐさま磐城平兵を含む奥羽越列藩同盟軍が迎撃したが、逆に新政府軍に撃退されてしまった。

その後、新政府軍は続々と兵を上陸させ、二十七日には磐城平城に攻撃を仕掛けてきた。必死の防戦でどうにか敵を撃退したものの、七月一日にはふたたび攻めてきた。このときもどうにか攻城軍を追い払った磐城平城兵だったが、新政府軍の板垣退助《いたがきたいすけ》や大山巌《おおやまいわお》など有能な指揮官が来着し、いよいよ七月十三日を期して平潟口の新政府軍は進撃を始めた。

数隊に分かれて城下へ入った新政府軍は、ほとんど抵抗らしい抵抗は受けなかったという。当日は大雨であり、火縄銃《ひなわじゅう》が主流だった城方では攻撃力が減退してしまい、数倍の敵に到底勝ち目がないと判断したのだ。

磐城平の家臣たちは、老公の安藤信正に城からの離脱を強く求めた。これを諾《だく》した信正は、旧幕臣で構成する純義隊《じゅんぎたい》に守られ、城から脱して三十五キロ離れた旧幕領の川内《かわうち》村へ逃れた。

この頃になると、仙台兵も離脱してしまい、城内には磐城平兵と相馬中村《そうまなかむら》藩兵がわずかに在留しているだけとなった。すぐ外には新政府兵が迫ってきており、門戸に盛んに大砲を撃ち込まれるようになった。そして、ついに門の貫木《かんのき》が折れ、扉が大きく開いてしまう。このとき城兵は、死を覚悟して門扉《もんぴ》に駆け寄り、すぐさまこれを閉じて敵の侵入を防いだ。

だが、すでに城内の弾薬は底を尽いていた。そこで軍議をおこない、開城ではなく城からの離脱を決定、城内の建物に火を放つや、煙にまぎれて素早く全員が城から脱したのである。新政府軍が城内に入ったときには、すでにもぬけの殻《から》であった。

一方、一足早く城から脱していた安藤信正は、さらに奥羽越列藩同盟の盟主である仙台藩領を目指して雨のなか出立した。このとき信正は、次のような歌を詠んでいる。

「旅人の歩みもしばしたゆむらん　村雨そそぐ花の萩原」

逃避行という緊張のなかに見た、雨に打たれる紫色の可憐《かれん》な萩《はぎ》に気持ちもなごむのであった。

敗北、そして消滅する藩

信正が保護を受けた仙台藩では、八月になると恭順派が力を増し、奥羽越列藩同盟の盟主でありながら、新政府軍との戦いに消極的な姿勢を見せるようになった。また、八月七日には盟友の相馬中村藩が新政府に降伏してしまった。

八月後半から新政府は主力を会津藩へ投入、会津戦争が始まった。九月になると米沢藩が降伏し、同藩主の上杉斉憲《うえすぎなりのり》が仙台藩に降伏を勧告したため、十日、ついに仙台藩も新政府に降伏を申し入れた。

このとき磐城平藩も正式に降伏を決め、安藤信正は漆原市左衛門《うるしばらいちざえもん》を正使とし、その代理となった恭順派の真木光に自分の署名入りの謝罪・降伏状を新政府へ提出させたのである。

書面には、朝廷に逆らったことへの深い反省と謝罪、隠居の身とはいえ、自分の指導不行届のためにこうした事態を招いたことへの陳謝、そして、上方《かみがた》にいる藩主信勇とは一切連絡をとっていないことが記されていた。すべての罪を己《おのれ》一身で被《かぶ》ろうとしたのであろう。

その後、信正は家臣たちとともに旧領へ戻り、一寺で謹慎していたようだが、十二月になって新政府から正式に永蟄居処分とされた。坂下門外の変後、数年間の蟄居を経てようやく自由の身となってわずか数ヵ月で、ふたたびかつての状況に逆戻りしたわけだ。何とも数奇な運命である。

幸い藩主の安藤信勇が新政府に恭順していたこともあり、磐城平藩は陸中《りくちゅう》磐井《いわい》郡へ国替えとなったものの、石高《こくだか》は三万四千石で大減封にならずに済んだ。しかも献金と引き換えに翌明治二年（一八六九）八月には、旧領への復帰が認められている。また翌九月、信正の永蟄居も免じられた。

それからの信正は、二度と世に出ることがなかった。好きな和歌をつくるなど風月を楽しみつつ二年という短い余生を過ごし、明治四年（一八七一）十月八日に五十二歳の若さで死去した。

そのわずか三ヵ月前、廃藩置県により磐城平藩は地上から消滅していた。その最後を見届けたうえで、後を追うように静かに消えていったのである。

遺骸は東京麹町《こうじまち》の栖岸院《せいがんいん》（大正時代に杉並区へ移転。現在はいわき市の良善寺に改葬）に葬られた。

小笠原長行

徳川幕府最後の老中が迎えた数奇な運命

文政五年（一八二二）〜明治二十四年（一八九一）

おがさわら ながみち

●国名　肥前国
●居城　唐津城
●石高　6万石
●爵位　なし

文政5年（1822）、唐津藩主・小笠原長昌の長男として誕生するも庶子として扱われ、江戸で学問に励む。藩内の派閥対立を経て、唐津藩主の養嗣子になるかたちで世子となり幕府の公務につく。政治手腕を評価され、老中となり、生麦事件では賠償金支払いを断行。将軍慶喜のもとでも欧米公使との外交・交渉を担った。戊辰戦争では徹底抗戦の立場で会津・仙台、箱館まで転戦した。戦後、身を隠すが、明治5年（1872）7月に新政府に自首。70歳で逝去するまで、東京駒込にて隠棲し、人前に出ることはなかった。

唐津《からつ》藩

寺沢氏が入封するが、2代堅高の悪政によって島原の乱が勃発し、御家断絶となる。以降、大久保氏、松平（大給）氏、土井氏、水野氏と続き、文化14年（1817）に小笠原長昌が6万石で入封。以後、小笠原氏5代が幕末まで続いた。

小笠原長行（国立国会図書館蔵『小笠原壹岐守長行』より）

「廃人」として育てられたお家の事情

唐津《からつ》藩の小笠原長行《おがさわらながみち》は、幕末の老中である。ただ、極《きわ》めて異例なのは藩主（当主）ではなく、世嗣《せいし》（跡継ぎ）のまま幕府の重職についたという点だろう。しかも、藩主である養父は自分より二歳も年下なのだ。じつは、これには複雑なワケがあった。

長行の父親である小笠原長昌《ながまさ》は奥州《おうしゅう》棚倉《たなくら》藩主だったが、文化《ぶんか》十四年（一八一七）に唐津六万石へ移った。ところが、二十八歳の若さで病歿してしまったのである。このとき長男の長行はわずか二歳だった。普通に考えても藩主を務めることは困難だが、とくに唐津藩は長崎警備を担当していた関係から、幼君の襲封《しゅうほう》は認められなかった。

そのため、長行は藩主の長男という立場にありながら「廃人」（障害や病気があって通常生活を営むことができない者）として幕府に届けられ、ひっそりと養育されることになった。

結局、次の唐津藩主には、庄内《しょうない》藩主酒井忠徳《さかいただあり》の六男である長泰《ながやす》が、長昌の養子に入って就任したのだった。だが、長泰はたいへん病弱な人物で、ろくに政務もとれない状況だったこともあり、十年で隠居を余儀なくされた。

そこで、唐津藩小笠原氏の親戚にあたる旗本の小笠原長保《ながやす》の次男である長会《ながお》が次の藩主になるのだが、長会は二十七歳の若さで急死してしまう。このため、今度は大和《やまと》郡山《こおりやま》藩主柳沢保泰《やなぎさわやすひろ》の九男にあたる長和《ながかず》が新藩主となるも、これまた二十歳の若さで亡くなってしまう。唐津藩にとっては、まるで祟《たた》られているような不運が続いた。

唐津藩では次に、信濃松本《しなのまつもと》藩主戸田光庸《とだみつつね》の次男長国《ながくに》を藩主とした。この長国が、長行より二歳も年下だったのである。

ちなみに長行は、先に述べたような事情から、藩主の血統を継ぎながら、家を継承することができず、ずっと唐津城下に捨て置かれた状況だった。

二十一歳になったとき、江戸にのぼって深川下屋敷の一角に住むが、その食い扶持《ぶち》として一月わずか五両しか与えられなかったという。しかし長行は不満を言うこともなく、松田順之《まつだじゅんし》、朝川善庵《あさかわぜんあん》、江川太郎左衛門《えがわたろうざえもん》などから学問を熱心に学び、当代一流の学者である安井息軒《やすいそっけん》、藤田東湖《ふじたとうこ》、羽倉簡堂《はぐらかんどう》などと親しく交わり、その英才ぶりは、広く知れ渡るようになった。

ために藩内外から「長行は将来、唐津の藩主となり、幕政に参与すべきだ」という期待が高まり、長行を現藩主長国の世嗣にしようという運動が起こり、ついに三十六歳のとき、長行は長国の跡継ぎの座についた。

この時期、すでにペリーが来航し、下級武士の間で尊王攘夷《そんのうじょうい》運動が盛り上がりつつあった。だが、開明的な長行は一貫して開国を主張していた。

世嗣となった長行は、藩主の名代《みようだい》として唐津で藩政に参画するようになったが、その才能を見込んで、土佐《とさ》藩主の山内容堂《やまうちようどう》が強く幕閣に長行を登用するよう求めた。その甲斐《かい》あって、まことに異例ながら、文久《ぶんきゆう》二年（一八六二）七月、長行は幕府の奏者番《そうじやばん》に登用され、翌月には若年寄に転じ、さらに九月、老中格に抜擢され、その分掌《ぶんしよう》として外国御用取扱《ごようとりあつかい》、すなわち、いまでいう外務大臣となったのである。

長行は老中に就任すると、大きな外交問題の解決を迫られることになった。

同年八月に発生した生麦《なまむぎ》事件（薩摩《さつま》藩士によるイギリス人殺傷事件）をめぐり、翌文久三年イギリスの代理公使ニールが莫大な賠償金の支払いを幕府に強く迫ってきたのだ。

内と外の圧力の間で

このとき長行は、将軍家茂《いえもち》とともに上洛していた。江戸の幕閣たちは、将軍が帰還するまで、賠償金の支払いの可否を引き延ばそうとしたが、それにも限界があった。こうした切迫した事態を知り、長行は文久三年四月に江戸へ戻り、みずからニールと交渉にあたった。そして、ほとんど独断をもって、賠償金の支払いをイギリス側に了承したのだった。

一方、京都では、とんでもない事態が進行しつつあった。

京都に足止めされた将軍家茂が、朝廷の急進派の公家や彼らと裏で結ぶ尊攘派志士の圧力を受け、四月二十日に「五月十日をもって攘夷を決行する」と約束させられてしまったのである。このため、将軍後見役の一橋慶喜《ひとつばしよしのぶ》が、その事実を江戸の閣僚に伝えてイギリスへの賠償金の支払いを中止させる目的で、京都から江戸へ向かい始めたのである。

賠償金の支払い期限は五月三日と決まっていたが、この事実を慶喜からの書面で知った長行は、仕方なく慶喜の到着まで支払いを先送りすることに決め、「発病したので三日間だけ支払いを延期させてほしい」と五月二日に家臣を通じてニールに申し入れた。

これにニールは激怒し、「期限までに賠償金が届かないときは、軍事行動を始める」と断言した。

かたや、慶喜はゆるゆると江戸に向かいながら、「金を払うな」という書面を盛んに送ってくるので、長行はどうにも動けなかった。

開港地横浜では、フランス海兵隊が上陸したり、イギリス軍が戦闘準備を整えるなど、具体的な動きを始め緊迫した状況となった。

「このままでは、確実に戦争になる」

生麦事件（国立国会図書館蔵『日本歴史画譚』より）

そう判断した長行は、武力衝突を避けるため、激しい非難を覚悟したうえで、五月九日に多額の賠償金を横浜のイギリス公使館へ運び込んだのだった。

さらに、である。長行は驚くべき行動に出た。外国奉行《ぶぎょう》や目付などとともに千人以上の兵を軍艦やイギリス船に分乗させ、海路西へ進み、大坂に上陸したのである。そして、その大軍を引き連れて京都方面を目指して進軍を始めたのだ。

この報を得て、京都の幕閣は仰天した。すぐさま、若年寄の稲葉正巳《いなばまさみ》が長行のもとに駆けつけ、京都へ入らぬよう制止した。けれど長行は、淀《よど》まで歩を進めてしまう。

だが結局、幕閣に入京を阻止されたうえ、長行は老中を解任された。しかもその免職は朝廷が幕府に要求したものであった。

朝廷が老中の進退に口を出すというのは、前代未聞のことだった。いかにこの時期、幕府の力が弱くなっているかがわかる。

この軍事行動をとがめされたさい、長行は「生麦事件の賠償金支払いについて将軍に事情を説明し、攘夷決行について私見を話すつもりだった。他意はない」と述べている。だが、千人を超える兵を引き連れてやってきているのだ。そんな穏便な理由であるはずがない。明らかに嘘だろう。

おそらく真の目的は、尊攘派に軍事的な圧力を与え、京都に軟禁状態に置かれ攘夷決行を迫られている将軍家茂を、江戸に連れ戻そうとしたのだ。

実際、長行の無謀な行動のおかげで、まもなく家茂は江戸へ戻ることができた。しかし、長行はその後、江戸で謹慎となってしまう。

幕末の政局の転換はまことに目まぐるしい。

翌元治《げんじ》元年（一八六四）七月、薩摩・会津《あいづ》藩ら公武合体《こうぶがったい》派によって朝廷から尊攘派が駆逐《くちく》され、それに激高して京都に襲来した長州《ちょうしゅう》軍が撃破（禁門《きんもん》の変）されると、九月に長行はふたたび老中に登用された。

長州の離反

幕府は、禁門の変で敗れ朝敵となった長州藩を征討すべく大軍を派遣した（第一次長州征討）。しかし、保守派政権に変わった長州藩が、尊攘派三家老の首を差し出して恭順《きょうじゅん》してきたので、征討軍は戦わずして引き揚げた。そして、慶応《けいおう》二年（一八六六）二月、小笠原長行は幕府の責任者として広島《ひろしま》に派遣され、長州藩側との交渉にあたることとなった。

長行は、交渉のため長州藩の家老や支藩の藩主たちを広島に呼び出したが、彼らは病だと称して出頭を拒絶した。その後、四月になってようやく毛利の使者がやってきたので、長行は長州藩に対し「十万石の減封と藩主父子の蟄居《ちっきょ》」を通告した。

すでに処分内容については、孝明《こうめい》天皇の勅許《ちょっきょ》は得ていた。長行は、長州藩主毛利敬《もうりたか》親《ちか》父子に「請書《うけしょ》（処分内容を受諾する書状）」を五月末まで提出するよう命じた。

この頃の長州藩では、高杉晋作《たかすぎしんさく》がクーデターを起こして保守政権を倒し、桂小五郎《かつらこごろう》を中心とする革新政権が誕生していた。さらにそれに先立つ同年一月には、密かに薩長同盟が締結されていたのである。このため、請書が藩主父子から長行に提出されることはなかった。

そう、長州藩は、幕府の要求を拒絶したのである。これにより交渉は決裂、同年六月、第二次長州征討が始まった。

十五万の征討軍が組織され、紀州《きしゅう》藩主徳川茂承《とくがわもちつぐ》を御先手《おさきて》総督として大軍が長州に向けて進発、西国諸藩も続々と出陣し、長州領の包囲を開始した。

このとき長行は九州方面軍の総督に任じられ、船で九州小倉《こくら》へ向かい、開善寺《かいぜんじ》に本陣をすえた。

戦いは幕府海軍が六月七日に長州領の周防《すおう》大島を砲撃したことで火ぶたが切って落とされた。以後、石州《せきしゅう》口、小倉口、芸州《げいしゅう》口などで次々と戦いが始まった。

すでに薩長同盟が結ばれていたので、薩摩はイギリスのグラバーから最新式の兵器を購入し、坂本龍馬《さかもとりょうま》の結社亀山社中《かめやましゃちゅう》を通してどんどんと長州藩に流していた。なおかつ、長州軍は四国艦隊下関砲撃事件のときに外国軍との戦いを経験しており、すでに洋式歩兵軍への転換を遂げていた。とくに士庶有志で結成された奇兵隊《きへいたい》をはじめとする諸隊は、兵としての練度が極めて高かった。

長州兵は軽装で散開しながら敵に迫り、最新の連発式銃を巧みに扱って次々と敵を倒していった。とくに長州側では、大敵に包囲され自領を侵略されるということで、領土や家族、親族を守るという意識が高く、士気は高揚《こうよう》していた。

対して幕府の征討軍の士気は、低下し切っていた。薩摩藩や広島藩が征討軍への参加を堂々と拒否しており、それも大きく関係していた。そのうえ諸藩の装備は、戦国以来の甲冑《かっちゅう》と火縄銃《ひなわじゅう》という者が多かった。これではとても勝負にならず、必然的に各地で征討軍は長州軍に敗れていった。

長行、敵前逃亡？

しかも強大な幕府艦隊は、長州水軍を圧倒できたはずだが、艦船が傷つくのを恐れて積極的に戦おうとせず、ほとんど役に立たなかった。

退勢は小倉口でも同じだった。小倉方面は、小倉城主十五万石の小笠原忠幹《ただよし》率いる軍事力がその主力であり、これに熊本藩《くまもと》（細川《ほそかわ》氏）、久留米藩《くるめ》（有馬《ありま》氏）、柳河藩《やながわ》（立花《たちばな》氏）、幕府（江川太郎左衛門率いる八王子千人隊《はちおうじせんにんたい》）などが加勢に来ていた。

しかし六月十六日夜半に長州の奇兵隊、報国隊《ほうこくたい》などが田野浦《たのうら》と門司《もじ》に奇襲上陸を敢行、小倉軍はこの強行軍をろくに迎撃できず、大きな被害を受け退却を余儀なくされた。

その後もたびたび長州軍の襲撃を受けるが、戦っているのは小倉兵だけで、他の味方は後方で事態を静観している状態だった。また、繰り返しになるが、幕府艦隊も小倉の征討軍を海上からろくに応援しようともしなかった。

これに立腹した小倉藩は、長行に対し、「諸藩の応援や救助もない。このうえ敵が攻めてくるなら、我々は城を枕に討ち死にする覚悟である」という書面を差し出した。驚いた長行は、最新兵器を備えた五千人の熊本藩兵に強く交渉、結果、しぶしぶ彼らは前線にやってきた。

こうして熊本兵が最前線に配置されると、七月二十六日より長州軍の総攻撃がなされ、小倉と門司を結ぶ長崎街道ですさまじい激突が始まった。

熊本兵は長州軍に大きな打撃を与えたものの、幕府の千人隊は彼らを支援しようとせず、小倉兵も戦い疲れたのか、城から出て来ず、幕府海軍もろくに味方しようともしなかった。このため、戦いが終わると熊本藩は激高して、勝手に陣をまとめて帰国してしまった。これを見た久留米軍や柳河軍も、続々と兵を退いてしまったのである。

こうして小倉口には小倉藩兵と幕府千人隊しかいない状況となった。

まさに危機的な形勢を迎えた小倉藩ゆえ、七月三十日の夜、小倉藩家老の田中孫兵《たなかまごべ》衛《え》がその窮状を訴え、幕府の助力を乞《こ》おうと長行のいる本営を訪ねた。ところが、幕府の役人がそれを制止するではないか――。怒った孫兵衛がそれを押しのけて居室に

富士山丸

入ると、なんとなかはもぬけの殻《から》だったのである。

　この日の夕方、長行は誰にも知らせず本営から出て、小舟で川をくだって沖合に停泊している幕府の富士山丸に乗り込んでしまったのだ。そう、敵前逃亡したのである。

　事態を知った小倉藩では、使者がすぐさま富士山丸へ向かったが、結局、長行との対面は叶《かな》わず、そのまま富士山丸は出航してしまった。

　じつは、将軍家茂が大坂城で逝去《せいきょ》したという情報が長行のもとに入ったのである。このため、味方の混乱を恐れてこのような行動に出たのだ。それにしても、戦いの最中に最高責任者が敵に背を向けて遁《とん》走《そう》するなど、驚くべき卑怯《ひきょう》な行動だった。

　こうして小倉藩は孤立する状況になったが、長州藩に降伏する道はとらず、みずから小倉城を焼き払って、ゲリラ戦を始め、長州軍を苦しめ続けた。まことに見上げた行動だった。

それからまもなく、幕府は将軍の喪《も》に服すという理由で勝手に長州領から兵を退き、第二次長州征討は終わりを告げた。が、明らかにこの戦いは征討軍の敗北であり、幕府の権威は地に堕《お》ちた。

新政府に恭順した唐津藩

新将軍になった慶喜は猛烈な幕政改革によって権威の回復をはかるが、倒幕の動きは変えることができず、慶応三年十月十四日にみずから政権を朝廷に返上した（大政《たいせい》奉還《ほうかん》）。

慶喜としては、新しくできる朝廷の新政府に参画して政権を主導しようと考えていたようだが、十二月九日に倒幕派がクーデターを決行、新政府樹立宣言である王政復古《おうせいふっこ》の大号令が出され、その後の小御所《こごしょ》会議で、慶喜に対して辞官納地《じかんのうち》（内大臣の免職と領地の返上）が決定。これにより新政権の中心になるという慶喜の期待は砕かれた。

その後、江戸で佐幕《さばく》派が薩摩藩邸を焼き打ちしたことで、大坂城の旧幕臣や佐幕派が激高。ついに「討薩《とうさつ》」をかかげて旧幕府軍は京都へと進撃した。

長行は長州軍の強さを身をもって実感したこともあり、江戸にあって幕府の閣僚たちに「非戦」を説いた。が、その主張は煙たがられて受け入れられず、結局、慶応四年（一八六八＝明治元年）正月、鳥羽《とば》・伏見《ふしみ》で旧幕府軍は薩長軍と激突、撃破されてしまうのである。錦《にしき》の御旗《みはた》がゆだねられたことで、薩長は官軍となり、西国諸藩は続々と新政府方に味方していった。

一方、徳川慶喜は大坂城から江戸へ逃亡したが、朝敵とされ、征討軍が江戸へと近づいてきた。

長行の唐津藩は当初、形勢を傍観していたが、藩主長国は佐賀《さが》藩に朝廷へのとりなしを乞い、征討軍に加わって東へ進んだ。また、同年二月、長国は佐幕派の長行を廃《はい》嫡《ちゃく》処分とした。唐津藩が生き残るためには、そうするほかなかったのだろう。

さらに三月三日、江戸の深川屋敷にいた長行のもとに、長谷川清兵衛《はせがわせいべえ》が国元から使者として送られ、すぐに帰国するよう伝達された。

長行はこれを快諾し、「明後日の早朝にお前とともに出立する」と約束した。

会津に向かった長行の決意

ところが、である。

なんとその夜に、長行は忽然《こつぜん》と姿をくらましたのである。おそらく、「おとなしく出頭すれば、新政府方に引き渡されるかもしれない」と考えたのだろう。
彼のことだ。

それが恐ろしいのではなく、虜囚《りょしゅう》というはずかしめを受けるのが嫌だったのだろう。
長行は、正室や側室を他所へ隠したうえで、かつて小笠原家が領していた奥州棚倉へと向かった。従う者は、わずか十数名であった。が、いずれも信頼に足る者たちだった。

それから十日後に江戸無血開城が決まり、さらに徳川が無条件降伏したことで、新政府はスケープゴートとして会津藩を朝敵とし、征伐することに決めた。

そんな会津藩が新政府に抗戦するつもりだと知ると、なんと長行は、彼らとともに戦うべく棚倉から会津へ向かったのである。「自分はこのままでは終われない」と思ったのだろう。

居所として会津藩は、長行に藩主の別荘「御薬園《おやくえん》」を提供した。

新政府は、朝廷に楯突《たてつ》く小笠原長行の逮捕命令を唐津藩に再三発した。唐津藩は新政府に忠節を誓い征討軍を派遣していたが、長行の勝手な行動で心証が悪くなり、仕方なく唐津炭五百万斤《きん》を提供するなどして印象の改善をはかろうとした。

五月、新政府の強引な会津討伐方針に反発した東北・北越諸藩が、奥羽越列藩同盟《おううえつれっぱんどうめい》を結び、政府に抵抗する姿勢を明確にした。同盟側は、盟主である仙台藩《せんだい》重臣の片倉《かたくら》氏が支配する白石城《しろいしじょう》（仙台藩領）に列藩同盟公議府を設置した。

明治天皇の叔父にあたる輪王寺宮《りんのうじみや》（寛永寺貫主《かんえいじかんしゅ》・日光輪王寺門跡《にっこうりんのうじもんぜき》）が上野戦争ののち、上野寛永寺を脱し、東北にやってきた。このため、宮が奥羽越列藩同盟の盟主に擁立されたのだ。

このおり長行も白石へ向かい、七月から輪王寺宮を補佐する立場についた。

この頃から新政府軍の猛攻が始まり、現在の福島県域に続々と新政府軍が侵入してきた。戦いは新政府軍の圧倒的優位のうちに進み、二本松城《にほんまつじょう》、棚倉城、磐城平城《いわきたいらじょう》などが次々と落ちた。また、三春藩《みはる》は手のひらを返して新政府方に寝返り、守山藩《もりやま》も新政府に恭順してしまった。

蝦夷地への転戦

こうした状況のなかで、小笠原長行は仙台まで赴《おもむ》いて藩主と会談し、要地である二本松城の奪還を強く主張した。しかし、状況はその後も悪化の一途をたどり、いよいよ新政府軍は大挙して猪苗代湖《いなわしろこ》方面へ進んで母成峠《ぼなりとうげ》で旧幕府軍・会津軍・奥羽越列藩同盟軍を撃破、八月後半に鶴ヶ城《つるがじょう》（会津若松城）まで進撃してきた。

長行は福島にいたが、この頃、列藩同盟の盟主である仙台藩は降伏に傾き始め、九月十日、正式にそれを藩の決定としてしまう。こうしたなかで長行は、榎本武揚《えのもとたけあき》率いる旧幕府艦隊に合流して、さらに新政府に抵抗する決意を固めたのである。

長行は白石から仙台へ入り、同じく老中だった板倉勝静《いたくらかつきよ》らとともに、軍艦開陽《かいよう》に乗り込んで蝦夷《えぞ》地《ち》へ渡った。慶応四年（一八六八）十月十九日のことだった。

上陸地点（鷲《わし》ノ《の》木《き》という場所）が見えてきたとき、甲板に出た長行は次のような気持ちを記している。

「四方のけしきを眺めやるに、雪白ふ降積りて、山のかたち、林のさまなんど、おどろ〳〵しく我国にはよもあらじと、おもゆるばかりなる」（『夢のかごと』）

さすがに剛腹な長行も、これまで見たことのない異国のごとき光景に、心細さを覚えたようである。

榎本武揚率いる旧幕府艦隊は、噴火湾で比較的波が穏やかな鷲ノ木湾を選んで来航したのだが、激しくなる風雪と高波のなか、仕方なく上陸を強行した。このおり、小舟が転覆して十数名の命が失われるというアクシデントが起こったと伝えられる。

大人数を本陣などの公共宿泊施設だけで収容できるはずもなく、民家のみならず近隣の村々も一時旧幕府軍の兵士が陣取る状態になった。

旧幕府軍は、人見《ひとみ》勝太郎《かつたろう》と本多《ほんだ》幸七郎《こうしちろう》の二名を使者とし、一小隊（約三十名）に守らせ、箱館《はこだて》府（新政府が箱館五稜郭《ごりょうかく》に置いた組織）へ派遣した。二人とも元幕臣で、歴戦の強者《つわもの》だ。人見と本多は「蝦夷地を徳川旧臣のために下賜《かし》してほしい」という嘆願書をたずさえ、箱館府へ向かった。願いが通らぬときは、一戦を交える覚悟だった。実際、二人の後を追うように大鳥圭介率いる旧幕府軍が進発している。

大鳥軍は鷲ノ木から茅部《かやべ》街道を通って箱館までの最短ルートを進んだ。率いる部隊は遊撃隊《ゆうげきたい》、伝習士官隊《でんしゅうしかんたい》、新選組《しんせんぐみ》など総勢七百名。

それとは別に元新選組副長の土方歳三《ひじかたとしぞう》を将とする額兵隊《がくへいたい》、陸軍隊《りくぐんたい》を中核とする洋式部隊約五百名が進撃を開始していた。同隊は森、砂原、下海岸《しもかいがん》、川汲峠《かっくみとうげ》へと進み、大きく右へ折れて湯ノ川から箱館市街へ突入する進路をとった。

同月二十二日夜、峠下で宿営していた人見と本多ら遣使小隊が、突然何者かの銃撃を受けた。箱館府の命令を受けた竹田《たけだ》作郎《さくろう》を隊長とする松前《まつまえ》藩兵と津軽《つがる》藩兵の夜襲だった。人見ら遣使小隊は、駆けつけた大鳥《おおとり》隊と力を合わせ、兵を小高い山上に散開させて応戦した。こうして戦いの火蓋《ひぶた》は切って落とされた。

箱館をめぐる死闘

大野という地域には、新政府軍が四、五百人陣取っていた。大鳥がそこに奇襲をかけると、新政府軍はあっけなく大量の武器弾薬を捨てて遁走してしまった。さらに文月《ふみづき》でも難なく敵を瓦解させたが、人見率いる部隊については七重《ななえ》で激戦を展開した。

七重は箱館五稜郭へ通ずる重要拠点なので、何としてもこの地で敵を防ぐべく、箱館府権《ごんの》判事堀真五郎《ほりしんごろう》率いる新政府軍五百が三隊に分かれて高台に陣取っていたのである。

三好胖こと小笠原胖之助（『戦友姿絵』所収、市立函館博物館蔵）

人見隊は危機に陥《おちい》るが、敵の包囲を破って遊撃隊副隊長大岡幸次郎《おおおかこうじろう》や隊士の杉田金太郎、砲兵長諏訪部《すわべ》信五郎《しんごろう》や新選組の三好胖《みよしゆたか》ら猛士たちが、「奮怒《ふんど》の刀を振い弾丸雨注を侵《おか》し敵中に躍《おど》り入り、数十人を殺傷」（『今井信郎著『蝦夷之夢』』）したことで、戦いの流れが変わった。

これを見て奮い立った遊撃隊をはじめとする人見隊が、「銃を投げ刀を振って衝《つ》き入り、縦横に馳《は》せ回る。呼声地に震《ふる》い、深雪変じて紅の如く、尸《かばね》横たわって丘のごとし。南軍おおいに破れて散乱す」（『前掲書』）とあるように、最後は敵陣に一丸となって突撃を敢行するという気迫の白兵戦によって、勝利をつかんだのである。

この戦いで新政府軍は二十名近くの犠牲者を出したが、旧幕府軍も突撃をおこなった新選組の三好胖やその家来の小久保清吉《こくぼせいきち》など七名の死者を出し、重傷を負った大岡幸次郎や諏訪部信五郎も治療の甲斐なく後日息絶えた。三好はわずか十七歳であった。

じつはこの三好胖という少年の名は変名で、本名は小笠原胖之助《はんのすけ》といった。長行の父唐津藩主の小笠原長昌が死去した後、庄内藩主酒井氏から長泰が養子に入って家を継ぐが、胖之助はその末子であり、長行が彼を養育したのだ。まさに我が子のように可愛がってきた少年であった。

この胖之助も長行同様、おとなしく新政府に下ることを潔《いさぎよ》しとせず、五月の上野戦争では数名の唐津藩士とともに彰義隊に加わった。戦いに敗れたあとは身を隠して東北へ潜行し、会津で新政府軍に抵抗、その後は仙台まで逃れ、長行とともに蝦夷地へ行くことを決めたのだ。このさい胖之助は、新選組に入隊して一兵士となった。そして壮絶な最期を遂げたわけだ。

いずれにせよ、五稜郭の箱館府（新政府方）では味方の敗北を知ると狼狽《ろうばい》し、二十四日夕方に全軍を五稜郭に撤収させた。

さらに五稜郭に籠城しても冬に援軍の到来が期待できないため、その日の夜半、箱館府知事の清水谷公考《しみずだにきんなる》以下新政府の官僚は五稜郭を脱出し、翌二十五日未明、箱館港から船で逃亡した。

こうして榎本武揚率いる旧幕府軍は箱館に入った。

悲嘆にくれる長行

行軍途中で愛した胖之助の壮絶な死を知った長行だが、それについて次のような想いを残している。

「七重といふ村を過るに、おのれがいろとの（弟）、いぬる（死ぬ）かんな月の末の四日の日、たゝかひにこゝにて討死したるを、宝林庵てふ寺に送りたると聞くものから、そがおきつきにまう（詣）でしに、懐旧の涙とゞめあへず、名残のいとをしまれけれど、さてあるべき事ならねば、逶々《いい》としてたち去りつゝ、日くれはつる頃、五稜郭の城のほとりになんたどりつきぬる」（『夢のかごと』）

このように長行は胖之助の墓に詣《もう》で、ともに過ごした日々を思い出しつつ涙を流したのである。

どうも、これがきっかけで長行は厭戦《えんせん》気分が強くなってしまったようだ。旧幕府軍はその後、松前藩を駆逐して蝦夷全島を統一して蝦夷政府を設立するが、長行が政権に参画することはなかった。箱館の郊外の空き家に引き籠もって、世捨て人のごとき生活を始めた。かつての主戦派老中が、である。

「五稜郭の城より西北なる人の住すてし庵になんうつりてける。もとよりすみあらしたるいぶせき家にしあなれば、暁《あかつき》かけてさうじのひまより雪霰《ゆきあられ》なんどの、吹いるゝものから、さむさたへがたくて、いも寝られず、海は少し遠けれどよる〳〵は浪の音の枕にひゞきて物思ふ身は一しほに、こしかた行末の事なんど、おもひ出られて、かの立しら波のよるぞわびしきてふ、いとゞあはれぞまさりける」(『前掲書』)

翌明治二年(一八六九)春、いよいよ雪が解けると、新政府軍が大挙して蝦夷地に押し寄せてきた。

旧幕府艦隊の旗艦開陽は沈没してしまい、土方歳三が新政府の大軍を引きつけて善戦したものの、各地で味方の敗北が続き、ついに箱館に新政府軍が姿を見せ始めた。五月、総攻撃がおこなわれ、土方歳三はじめ多くの歴戦の強者が戦死、五稜郭は城門を開いて榎本ら蝦夷政府の閣僚は降伏した。

この間、小笠原長行は姿をくらました。

じつは総攻撃が始まる前、側近の新井常保《あらいつねやす》と堀川慎の手引きによって、箱館港からアメリカ汽船で脱出、横浜に到着するとただちに東京へ入り、旧知の新発田《しばた》藩士大野《おおの》賢次郎《けんじろう》の庇護《ひご》を受け、湯島の妻恋《つまごい》に一戸を借りて潜伏したのである。

この時期、東京にいた唐津藩士は唐津に戻ったり、士籍を抜いて各地に散ってしまっていた。唐津藩邸には、警備や事務にあたる者が数名いる程度であった。だから、長行の東京潜伏を知る唐津藩士はごくわずかで、しかも彼らは盛んに「長行はアメリカへ逃走した」とデマを吹聴した。

さらに横浜在住のアメリカ人に宛てて為替《かわせ》を振り込み、そのアメリカ人から長行のもとにそれを転送させ、生活費にあてさせたのである。

箱館まで行った政府高官が戦後みな降伏しているにもかかわらず、長行は投降しようとしなかった。明治四年、廃藩置県によって唐津藩は地上から消滅した。それでも長行は出ていかなかった。

明治五年一月、朝敵とされた元会津藩主松平《まつだいら》容保《かたもり》が宥免《ゆうめん》された。さらにあの榎本武揚も同月、特赦により出獄した。

ここにおいてようやく小笠原長行は、人前に姿を現したのである。

政府との仲介役は、旧藩主小笠原長国と元佐賀藩主の鍋島直大《なべしまなおひろ》が買って出た。

長国が東京府知事の大久保一翁《おおくぼいちおう》に宛てた長行に対する赦免申請書には、「長国は東北へ脱出し、その後、箱館に出て洋船に乗り込んだところ、風浪が激しく漂流し、アメリカへ行ってしまったが、ただいま帰朝したので謹《つつし》んで政府の命を待たせている」とあった。もちろん嘘である。

二十年の隠棲生活

こうして一月が経ち、晴れて小笠原長行は自由の身となった。

長行はその後、駒込動坂《こまごめどうざか》に小さな邸宅を購入してそこに移り、ガーデニングや盆栽を趣味とし、子供たちの教育にあたったものの、政治の表には二度と顔を出さなかった。

それだけではない。

親戚や旧故に対しても一切会おうとしなかったのである。

明治九年、長行は従五位《じゅごい》に叙《じょ》されて名誉を回復、同十三年には従四位にのぼった。

だが、かつての同僚といえる会津の松平容保や福井《ふくい》の松平春嶽《まつだいらしゅんがく》が訪ねてきても、居留守を使って決して対面しなかった。

「箱館に渡って胖之助を失ったとき、老中小笠原長行も死んだ」、そう考えていたのかもしれない。

晩年、長行は「與人異七事」という漫言を記している。自分が他人と際《きわ》だって異なるところを七つ書き記したものだ。

足に電気（エレキ）をあてても何も感じない。壮年のときは朝ゼンゼン全然腹が減らなかった。大好きなものはたくさん食べないほうがよい。三十六歳のときに初めて子が生まれ、その後、六十一歳まで七人の子ができた。自分は子供のときからやせっぽちで、運動しなくても太らない。

このようなたわいのない内容である。

しかし、次の文章は、長行の資質を非常によくあらわしているように思う。

「我性質は先《まず》厳格なる方にて、たとへていはゞ箪笥《たんす》の引出に物を入置《いれおく》にも、右の方には如斯《こんな》もの、左には何々、奥には何とチヤント位置をきめて、数度出しいれしても乱る丶事なく、本箱の書物は一より十までそろへて入置《いれおき》、度々引出して見ても、本の通りそろへて入置故《ゆえ》、くらやみにて取出しても間違ふ事なし。大小総《すべ》て此類《このたぐい》にて、物を置にも一分にても曲りては心よからず、という様なる気質是本体也」（『前掲書』）

完全な潔癖症、完全主義者であることがわかる。

しかしその一方で、「拘泥《こうでい》し、或《あるい》は因循《いんじゅん》して変化なきは甚《はなは》だ好まず」「飄然《ひょうぜん》活潑を悦《よろこ》んで、総て奇抜の意思あらざるは大いに厭《いと》ひ嫌ふ」(『前掲書』)

実際、長行はあくまで己の主張を通す完全主義者でありながら、攘夷という大勢に逆らい、当時としては最初から一貫して開国をとなえ続けている。

また、自分はいつもは優柔不断の性格で、たいていは多数に従うが、場合によっては「勇断決定して不顧《かえりみず》疾雷不及掩耳《しつらいみみをおおうにおよばず》の趣《おもむき》あり」というように、思い切った決断をただちにくだすという矛盾《むじゅん》したところがあると回想している。

いずれにせよ、維新後は人前に出ず二十年を生きた小笠原長行は、明治二十四年(一八九二)一月二十二日に死去した。享年七十であった。

晩年、長行は息子の長生《ながなり》に、「俺の墓石には、声もなし香もなし色もあやもなし、さらば此の世にのこす名もなし」とだけ刻んで、俗名も戒名もなしにしてもらいたいと言ったという。

また、その辞世の句は「夢よ夢　夢てふ夢は夢の夢　浮世は夢の　夢ならぬ夢」という変わったものだった。

藩主の子として生まれ、「廃人」として育てられた長行は、その優れた才覚により幕府の老中までのぼって激動の世の中を動かした。しかし時勢によって幕府は倒れ、賊とされてすべての功績は消されてしまった。

ならば、自分が此《こ》の世にいたことに何の意味があったのか――。

そんな長行の悲痛な叫びが聞こえてくるようだ。

池田慶徳

将軍の兄は父も認めるほどの「男前」

天保八年（一八三七）～明治十年（一八七七）

いけだ よしのり

●国名　因幡国・伯耆国
●居城　鳥取城
●石高　32万石
●爵位　なし

天保8年（1837）、水戸藩主・徳川斉昭の五男として誕生。同年生まれの徳川慶喜は異母弟にあたる。嘉永3年（1850）、家督を相続。水戸藩をモデルに藩政改革をおこなう。藩内の尊攘派と保守派の対立に苦慮した。戊辰戦争では新政府軍として東北地方へ出兵。この頃新政府の議定となる。明治2年に鳥取藩の知藩事となった。廃藩後は華族会館の設立に尽力する。明治10年（1877）、明治天皇を迎えるために訪れた神戸で肺炎にかかり、41歳で逝去。

鳥取《とっとり》藩

岡山藩主池田忠雄の死後、家督を継いだ光仲は鳥取藩主で同族の池田光政との国替えを幕府から命じられ、鳥取藩主についた。以来12代にわたって光仲系池田氏が治めた。光仲は家康の曾孫であり、松平姓を賜り、御家門並みの待遇を得た。

池田慶徳（鳥取県立博物館蔵）

世継ぎに悩む鳥取藩

鳥取《とっとり》藩三十二万石――藩祖の池田光仲《いけだみつなか》は、織田信長《おだのぶなが》の乳母兄弟である池田恒興《つねおき》を先祖とするが、光仲の実父忠雄《ただかつ》が徳川家康《とくがわいえやす》の孫であったことから、池田家は外様《とざま》という より親藩意識が強く、実際江戸幕府においても一門に近い扱いを受けていた。

十九世紀初め、鳥取藩池田家は、立て続けに藩主や後嗣《こうし》を失うという不幸に見舞われる。七代藩主斉邦《なりくに》が二十一歳の若さで亡くなったので、弟の斉稷《なりとし》が八代藩主を継ぎ、その後嗣に将軍家斉《いえなり》の子乙五郎を迎えた。ところが、乙五郎は病のために十五歳で亡くなってしまい、斉邦の次男斉訓《なりみち》が九代藩主となるも、斉訓もまた二十二歳で男児をつくらぬまま死去したのである。そこで池田家の分家から入った慶行《よしゆき》が十代藩主を継承したが、これまた十七歳で早世してしまう。

そこで鳥取藩は、慶行の弟祐之進を慶行の仮養子にしたいと幕府に申請したのだが、「加賀《かが》藩主前田斉泰《まえだなりやす》の子（喬松丸）を養子とするように」と通達されたのである。

この話は、江戸の重臣たちが幕府と勝手に話を進めた結果だったようだ。正式な決定が出て初めてこの事実を知った藩士たちは、大いに驚き、反発の声を上げた。

喬松丸は元服して慶栄《よしたか》と名を改め、十一代藩主として嘉永《かえい》三年（一八五〇）に初めてお国入りすることになった。ところが、京都の伏見までやってきたところ、にわかに頓死《とんし》したのである。まだ十七歳だった。亡骸《なきがら》は、そのまま国元の鳥取へと運ばれた。初めての国入りが遺体となって、というのも前代未聞のことであろう。

死因は脚気衝心《かっけしょうしん》（心不全）とされたが、加賀の前田家では、「毒殺ではないか……」と、その急死を強く疑った。なぜなら、慶栄の就封を国元の藩士たちは快く思っていなかったからだ。

こうしたこともあり、鳥取藩ではその疑いを解くためにも、次の藩主は幕府に決めてもらおうという話になり、結果、水戸《みと》藩（徳川御三家の一つ）主徳川斉昭《なりあき》の五男を十二代藩主に迎えることになったのである。

名を五郎麿といったが、これがのちの池田慶徳《よしのり》であり、鳥取藩最後の藩主であった。

実父斉昭の心を継ぐザ・名君

十六歳の嘉永五年（一八五二）、慶徳は初めて国元に入った。まだ若かったが、藩政改革を断行しようという強い決意に燃えて鳥取に入ってきた。

他藩と同様、当時の鳥取藩も毎年三万両の赤字が増え続けるという苦しい財政状況に置かれていた。この体質を何としても解消しようとしたのである。が、領民にはこれ以上、負担をかけるつもりはなかった。むしろ逆に、できるだけその負担を軽くしようと考えていた。

それは、実父斉昭の影響であった。

水戸の民芸品に、農人形という置物が存在する。大きな米俵《こめだわら》の横に、年老いた農夫が蓑笠《みのがさ》を手に座しているものだ。何とも不思議な構図だが、そもそもこの人形は、徳川斉昭がつくらせたものであった。斉昭は、農人形を毎日食卓に置いてご飯を供え、領内の農民に感謝しながら食事をとったという。こうした奇妙な習慣は、儒教の仁政思想から発していた。

「君主として民を慈《いつく》しみ、領民が安心して暮らせる善政を施す」

それが、人の上に立つ者の天命である。そういう考え方を、儒教はする。斉昭は藩主就任の翌日、重臣たちに書簡で所信表明をしているが、そのなかに「愛民専一」という言葉が出てくる。そして実際、その四文字に従った藩政改革を断行してきた。

慶徳が池田家を継ぐさい、斉昭はこの農人形を贈り、藩主としての心得を懇々《こんこん》と説《と》いて聞かせたという。だから慶徳も人形を座右に置き、食事のさいは先に人形に飯を供えた。

慶徳は家中に対し、「農民が喜ぶような政治をせよ。下が富むようにせよ」と述べ、領民への負担を軽減させた。

さらに、藩校の尚徳館《しょうとくかん》を拡充し、武道を伝習する「武場」、下士の教育機関である「小武場・小文場」を設け、徒士《かち》以下にも通学を許すことにした。

もともと鳥取藩には学者を軽視する風があったので、藩校責任者（学館御用懸《ごようがかり》、学校総督）にも着座家《ちゃくざけ》（家老クラス）の者をあて、学校役人の数も大幅に増やした。こうした教育の拡充によって、慶徳は藩政改革を担う有為《ゆうい》な人材を育てようとしたのだ。

さらに、上書箱《じょうしょばこ》（目安箱）を設けたことも画期的だった。藩士たちから自由に政治上の意見を募《つの》ったのだ。現在、百九十通以上の封書が現存するが、そのほとんどに慶徳自身の朱筆が入っている。すべての意見にきちんと目を通し、良いものはとり入れていったことがわかる。まさに名君というにふさわしい人物である。

尚徳館跡の碑（鳥取県立公文書館提供）

しかしながら、時は容赦なく激動の幕末期に入っていく。

倒幕派の圧力のなかで

鳥取藩は三十二万石の大藩であり、異母弟が一橋慶喜《ひとつばしよしのぶ》であるゆえ、慶徳も当時の政治情勢とは無縁ではいられなかった。

だが、鳥取藩では、なるべく政争に関与しない方針をとった。たとえば文久《ぶんきゅう》二年（一八六二）五月、慶徳が江戸から国元へ戻るさい、朝廷の公家たちは慶徳に入京を要請したが、これに応じることなく帰国している。

こうした慶徳の対応を近臣で中老の堀庄次郎《ほりしょうじろう》らが批判、慶徳に勤王《きんのう》（尊王《そんのう》）を説いたこともあり、同年八月に慶徳は上洛し、幕朝間の融和・斡旋《あっせん》につとめるようになった。

慶徳自身は過激な攘夷《じょうい》運動を好まず、将軍後見職にあった一橋慶喜同様、公武合体《こうぶがったい》の立場をとっていた。だから文久三年八月十二日、天皇が大和行幸《やまとぎょうこう》からそのまま軍勢を率いて攘夷の親征をおこなうという計画を知ると、急いで参内《さんだい》して強く反対した。

すると、八月十六日に洛内の複数ヵ所に以下のような張り紙がなされた。

「松平慶徳　此者ひそかに二条家及び幕吏《ばくり》に通じ、恐れ多くも今般の御盛挙を妨《さまた》げ奉り、ひたすら幕威の挽回をあい謀《はか》り、段々奸計《かんけい》相い働き候条、神人共に許さざる大罪である。速《すみやか》に天誅《てんちゅう》を加う可《べ》き処、烈侯《れっこう》（父徳川斉昭）の神霊に対し、暫時《ざんじ》死一等を減じ其首を預け置くといへ共、逆賊の悪名を千歳不朽《せんざいふきゅう》に伝るもの也」（山根幸恵著『因幡二十士をめぐる　鳥取藩幕末秘史』）

なんと慶徳は、尊攘派から「逆賊」呼ばわりされたのである。

これに衝撃を覚えたのが、鳥取藩の尊攘派の面々であった。河田左久馬《かわださくま》ら二十二名は、八月十七日夜、鳥取藩の京都における居所であった本圀寺《ほんこくじ》に押しかけ、藩主側役《そばやく》の黒部権之介《くろべごんのすけ》、高沢省己《たかざわまさみ》、早川卓之丞《はやかわたくのじょう》を次々と殺害し、加藤十次郎《かとうじゅうじろう》を自殺に追い込んだのである。二十二名のうち一名は行方《ゆくえ》知れず、一名は切腹したが、あとは良正院《りょうしょういん》（京都の知恩院《ちおんいん》の塔頭《たっちゅう》）に入っておとなしく断罪を待った。

翌日、八月十八日の政変が起こった。過激な攘夷を嫌う孝明《こうめい》天皇の了承を得て、朝議が開かれ、結果、急進的な七人の公卿《くぎょう》が追放され、尊攘派の中心であった長州《ちょうしゅう》藩が宮門の警備を解かれた。これにより尊攘活動は一気にしぼみ、政変後、朝廷では一橋慶喜、会津《あいづ》藩主松平容保《まつだいらかたもり》ら公武合体派が力をにぎった。

この政変は、諸藩に大きな影響を与えた。たとえば土佐《とさ》藩では、土佐勤王党の弾圧を一気に強めている。しかし、慶徳は本圀寺事件を起こした尊攘派に死を賜うことなく、そのまま国元の僻地《へきち》・黒坂《くろさか》（伯耆国《ほうきのくに》日野郡）に幽居させただけで済ませている。

『贈従一位　池田慶徳公御伝記』（鳥取県立博物館編）には、「かの河田左久馬等二十人の如き、其処置の遷延せるは、全く公が一同の誠心を思はれしに基けるものとす」とあり、おそらく尊攘派の思いも理解していたのだろう。

その後、河田ら二十士の多くは脱走して長州へと走り、倒幕活動に邁進《まいしん》した。

新政府成立と隠居勧告

一方の慶徳は、これを機に京都での政治活動から足を洗い、病を理由にほとんど逼《ひっ》塞《そく》して藩政に専念するようになった。嫌気が差したのかもしれない。

ただ、元治《げんじ》元年（一八六四）と慶応《けいおう》二年（一八六六）に幕府が長州征討をおこなうが、このとき慶徳は、藩内尊攘派や慎重派を処罰してまでも征討軍に参加している。この一事から、幕府や京都を支配下とする一橋慶喜と歩調を合わせていたことがよくわかる。

その慶喜が慶応三年十月十四日に政権を投げ出したのである。そう、大政奉還《たいせいほうかん》だ。こうして幕府は消滅し、朝廷を中心とした新政府が誕生することがほぼ確実になった。ところが十二月九日、倒幕派が中心となって王政復古《おうせいふっこ》の大号令というかたちで新政府の樹立を明治天皇に宣言させ、その夜の小御所《こごしょ》会議で、慶喜の辞官納地《じかんのうち》を強引に決定したのである。これは明らかに倒幕派によるクーデターであり、辞官納地には徳川家を暴発させ武力で倒してしまおうとする意図があった。

この間、池田慶徳はたびたび朝廷や徳川家から上洛を求められたが、病気を理由に国元から動こうとしなかった。政争に、へたに巻き込まれないようにしたのだろう。

翌明治元年正月早々、鳥羽《とば》・伏見の戦いが勃発する。

このとき鳥取藩は、まことに機敏な動きを見せた。主導したのは、京都にいた家老の荒尾成章《あらおしげあきら》であった。戦いの勃発を知ると、ただちに藩兵を新政府方に合流させたのである。さらに数日後、旧幕府軍が敗れて慶喜が大坂城から逃亡すると、朝廷は慶喜を朝敵と認定した。すると荒尾は、藩主慶徳が慶喜の異母兄であることをもって、謹慎待罪願を朝廷に提出した。

対して新政府は、「それに及ばず」との回答を与えたものの、その後、荒尾は新政府の総裁である有栖川宮熾仁親王《ありすがわのみやたるひと》から呼び出しを受けた。

「慶徳公は、朝敵慶喜とは骨肉の間柄。まことに申しにくいことではあるが、万一のことがあっては池田家の傷になる。これを機に引隠されたほうがよろしいのではないか」

そう告げたのである。すでに国元で謹慎していた慶徳だが、この話を聞いて隠居の決意をかため、すぐに家老の和田壱岐《わだいき》を朝廷に遣わしてその旨《むね》を伝え、その後、家中

西園寺公望（国立国会図書館蔵）

にも公表した。

ところが、新政府は二月になって、「次の鳥取藩主には、慶徳の子輝知《てるとも》がつくのが順当だろうが、この国難を幼君で乗り切るのは難しい。ゆえに池田家の分家のうち、適当な年長の者に当主を継がせ、輝知はその養子にしたらどうか」と家督相続に介入してきたのである。

これには藩士たちの多くが驚き、輝知が次期藩主になれるよう請願運動が開始された。

ちょうど二月の末に山陰道鎮撫《ちんぶ》総督である西園寺公望《さいおんじきんもち》が米子《よなご》に来たので、鳥取藩士たちは西園寺に取りなしを依頼した、西園寺はそれを快諾し、新政府に働きかけた結果、同年四月、慶徳の隠居と分家への当主譲渡の話はご破算となった。

知藩事となり東京へ

　同時並行で、藩内にはもう一つ別の難題が降りかかっていた。

　かつて慶徳の側近を殺害し長州へ逃亡していた河田左久馬ら尊攘派を、新政府が「赦免して帰藩させろ」と要求してきたのである。

　しかしそんなことをすれば、本圀寺で殺された遺族をはじめ、多くの藩士が反発し、藩内が分裂する危険がある。

　だが、長州藩士の宇多朔太郎《うださくたろう》と静間彦太郎《しずまひこたろう》がやってきて、盛んに圧力を加えたため、ついに一月二十七日、慶徳は河田らを赦免し、帰参を許した。

　藩内の動揺を心配した慶徳は、本圀寺事件の被害者遺族に対し、「御一新にあたり、これはやむを得ない措置なので、どうか理解して堪忍《かんにん》してほしい」と諭《さと》しの書を与えて暴発を抑えようとした。

　結局、河田ら尊攘派は、戊辰《ぼしん》戦争に参加したのですぐに帰参することはなく、騒動は起こらずに済んだ。ちなみに河田は、東山道征討軍総督の参謀として抜群の働きを見せた。

　鳥取藩軍も最初から鳥羽《とば》・伏見《ふしみ》の戦いに新政府方として加わり、その後も新政府軍に多数の兵力を提供、大きな働きを見せたため、慶徳は戦後、三万石という破格の賞《しょう》典禄《てんろく》を与えられることになった。

箱館五稜郭《はこだてごりょうかく》が陥落した明治二年（一八六九）、政府は版籍奉還《はんせきほうかん》を大名に命じた。土地と領民を朝廷に返上させたのである。だが、これはあくまで形式的なもので、その後も大名は知藩事《ちはんじ》という政府の役職に任じられ、そのまま藩政をとった。

新政府は、各藩に近代的な改革を求めたが、慶徳もその意を奉じて「改正ノ大旨《たいし》決テ新法ヲ好ムニ非ス、旧習ヲ破リ理ト情トヲ斟酌《しんしゃく》シ、弊政《へいせい》ヲ変シ良法トナス」と改革の強い決意を家中に示し、明治三年十一月、東京への政庁移転を決意する。

新政府の政策が日々変わるなかで、鳥取を拠点にしていたのでは時勢にうとくなり、藩政改革の実を上げることができないと考えたからだ。

慶徳は「知藩事である自分をはじめ、藩の役人を東京へ移すつもりである。藩領をないがしろにして東京に移住しようとしているという心得違いをしてはならぬ」という諭告を領民にしている。しかし、家老の田村貞彦《たむらさだひこ》は「君には私共を御見限りになるのか」（本多肇編『因伯藩主池田公史略』）と泣いたといわれ、かなりの動揺が広がったようだ。

いずれにせよ、こうして藩政改革の成果が徐々に上がりつつあった明治四年七月十四日、新政府はまるでクーデターのごとき廃藩置県を断行した。

全国の知藩事（旧藩主）を東京に集め、薩長土三《さっちょうど》藩の御親兵八千を軍事力として、藩を廃絶して中央政府から県令《けんれい》を送って地方を統治するとしたのだ。

東京にいた池田慶徳は、三日後の十七日に家臣の筑波小次郎《つくばこじろう》を鳥取へ派遣してこの事実を報じ、同時に藩士と領民宛の次のような訓示を託した。

「このたび、新政府が万国と並び立つために陋習《ろうしゅう》を去り、因襲の弊風《へいふう》を改め、郡県制の基礎を立てられた。私は免官となり、大いに喜んでいる。将軍慶喜は政権を朝廷に返したが、幕府の役人は大勢を察せず、大義を知らず、ついに方向を誤った。だから朝廷に征伐された。このとき私は病に伏していたが、お前たち藩士と領民に大いに助けられた。深く感謝する。その後、版籍奉還によって世襲の大名は、知藩事という新政府の役人になったのに、それを理解できず旧習を残し、新政府と異なる政策がなされることも少なくなかった。だから新政府が藩を廃して世襲の知藩事を免じ、広く人材を求めるのは正しいことである。お前たちも、新政府の政策を理解し、大義を守り私心を去り、決して動揺せず、鳥取県の役人はますます県政を助け、兵士は朝廷を守護し、元藩士たちは領民を諭して県令に従わせてほしい。それが私の望みである。どうか理解してほしい。もしこれを不満に思って反発すれば、私の身の置きどころがなくなってしまう。どうか私のため、落ち着いて新政府の命令にしたがってほしい」

鍋島直正（国立国会図書館蔵）

　こうした措置もあり、鳥取藩には廃藩による動揺は見られなかった。

　翌明治五年五月、慶徳は三十六歳の若さで隠居した。息子の輝知と佐《さ》賀《が》藩主鍋島直正《なべしまなおまさ》の娘幸子《さちこ》との婚姻が決まったからである。

　東京における慶徳の生活だが、同年八月には兄弟たちを誘って久しぶりに故郷水戸へ戻り感慨に浸《ひた》っている。また、実父斉昭の正妻である貞芳院《ていほういん》や祖母の瑛想院《えいそういん》が水戸藩小梅《こうめ》邸におり、慶徳が住む寺島《てらじま》邸と近かったこともあり、たびたび慶徳は小梅邸に立ち寄っては彼女たちのご機嫌を伺い、時には連れ出して所々を遊覧し、孝行を尽くしている。

　慶徳の趣味は、和歌をつくることだった。父の斉昭が昔「歌は本朝尊ぶところなれば、詠出づるがよし、文字を知るは詩がよけれど、人を感ぜせしむるは歌ならでは叶《かな》はず」（『贈従一位 池田慶徳公御伝記』）と言ったこともあり、いつのまにか趣味になり、数千という膨大な自製の歌が残っている。とくに明治時代になってからは、あちこちの歌会に参加し、「読師《とうし》」なども務める名人になった。

酒の席で興が乗ると、催馬楽《さいばら》（古代歌謡）や小謡《こうた》なども歌った。家臣の屋敷にも、気軽に出かけていった。晩年はことに観劇を楽しんだという。上野の博覧会や横浜のガス灯など、欧米の先進的なものにも興味をもち、見物に出かけている。

明治五年四月、台所から火が出て本宅が燃えてしまう不幸に見舞われたが、その後は寺島別邸に移り、悠々自適の生活を送り、華族の親睦《しんぼく》団体である華族会館（のちの霞《かすみ》会館）の設立・運営にもたずさわるようになった。同年六月にはついにチョンマゲを落としている。

そんな穏やかな生活が明治八年十一月二十四日に一変する。

なんと、分家の池田徳澄《のりずみ》が慶徳を東京上等裁判所に告訴したのである。

困った親類

池田徳澄は、鳥取藩の支藩（分家）にあたる因幡鹿奴《いなばしかの》藩の最後の藩主（十代目）である。もともと九代藩主の池田仲建《なかたつ》の従弟《いとこ》だったが、仲建が自殺したことで、急きょ、慶応元年に藩主となった。まだ十二歳の少年であった。三年後の戊辰戦争で活躍し、さらに陸軍に入って少尉試補となり、佐賀の乱の平定に大いに活躍した。

そんな徳澄と本藩の慶徳との確執は、徳澄の実母木村松野《きむらまつの》が原因だった。

松野は、因幡鹿奴藩池田一族の仲諟との間に徳澄を生んだが、失態を犯し離縁されていた。その後、彼女は商人と再婚し、さらに、別の男性と所帯を持った。

ところが、息子の徳澄が藩主になると、同家老女の浪瀬《なみせ》にとり入り、「夫と別れて尼になるから、徳澄の側にいたい」と哀願したのである。これを哀れんだ浪瀬は、重臣や徳澄の養母楽山に伝え、その同意を得たので徳澄と対面させた。同家では、松野に養子をとらせ、その子を鳥取藩の士籍に入れ、松野の暮らしが立つようにしてやった。

松野は藩主の実母であり、徳澄の信頼も厚かったので、次第に台所一切の事務を統括するようになり、さらに政務にも口をはさみ始めた。驚いた楽山は、密かに本藩の慶徳に相談、そこで慶徳は徳澄に忠告を与えた。

しかし、徳澄は言うことを聞かず、楽山と正子《まさこ》（徳澄の正室）の女中たちは、松野と対立するようになった。こうした状況を心配した家令の大塩弥は、徳澄に諫言《かんげん》した。

徳澄は、「松野を屋敷から出して長屋へ移し、今後は家政にはかかわらせない」と約束したが、明治六年（一八七三）十一月、徳澄正室の正子が頓死してしまった。医師の検死でも、病気の形跡が見つからない。そこで家中はその死を疑ったという。

鹿野城址（鳥取県鳥取市／皐月子／PIXTA［ピクスタ］）

しかもこれ以後、徳澄はふたたび松野と会うようになり、大塩がこれを諫《いさ》めても言うことを聞かず、池田家の家財を徳澄が手元に集中するようになった。大塩はあきれて職を辞すと、帰国してしまった。以後、松野が家政を握り、徳澄も浪費を繰り返し、鹿奴池田家の財政は傾いていった。

明治七年に徳澄が陸軍少将試補になって佐賀の乱の平定に赴《おもむ》いたときも、慶徳ら親族には事前に相談がなかった。さらに翌年、勝手に軍人を辞めてしまう。徳澄は、「初志ヲ失ハス、勉励従事スヘキ旨、毎々慶徳ヨリ説諭スレトモ用イス」、「懈《け》怠《たい》奮発ノ気ナク、家事亦《また》益《ますます》調和セサルヲ以テ、恕《じょ》己《き》、屢《るる》諫《いさ》ムレトモ聴カス」（『前掲書』）という態度をとり続けた。

明治八年六月二十七日、楽山が自刃《じじん》してしまった。徳澄の言動に絶望して自殺したのだ。ところが、徳澄はその死を知ると、すぐに遺体の衣装を改め白衣を着せ、血のついた畳をぬぐうなど、自刃した痕跡《こんせき》を消し去ってから、ようやく親族に知らせたのである。

じつは徳澄と松野は当日、出入りの商人、美濃《みの》屋金七の屋敷に招かれ、深夜までどんちゃん騒ぎをしており、楽山が自殺したことをずっと知らなかったのだ。検死の報告書には、徳澄は当日邸内にいたことになっていた。遊びほうけていたのがばれるのが嫌だったのだろう。

その後も重臣や親族がいくら諫めても徳澄が改心する風もなく、ついには短刀を常に所持するなど行動も不穏になってきたので、慶徳は徳澄から実印を取り上げ、隠居を迫ったのである。徳澄はおとなしく言うことを聞き実印を渡したが、やがて屋敷から姿をくらますと、明治八年十一月、にわかに裁判所に慶徳ら親族を訴えたのだ。

さらに驚くべきは、判決の出る前（明治九年十二月十三日）、徳澄が病にかかってあっけなく死んでしまったことであろう。二十三歳であった。

その十数日後の三十一日、判決がくだった。なんと裁判所は、慶徳らが「其処置穏《おだや》カナラサルヨリ、紛々ヲ生シ、却《かえっ》テ、卑幼《ひよう》タル徳澄ノ告訴スルニ至ラシ」（『前掲書』）めたとの決をくだしたのである。慶徳にとっては、長い間、おかしな親族に引きずり回されたうえ、後味の悪い決着となった。

西南戦争の渦中に急逝

明けて明治十年（一八七七）、西南戦争が勃発する。池田慶徳は、明治天皇の大和行幸の先発として一月に京都へ赴き、そこで車駕を迎えたが、戦争が発生すると、旧領に対して「動揺せず、西郷軍に参加してはならない」と諫め、大阪で負傷兵を慰問した。

また、政府の苦戦を知るや、四月、志願兵の徴募に応じるよう旧領に書を送り、六月にはみずから鳥取へ赴いて、「いまだ戦争が終結する様子がない。陸軍省は一万人の兵を募集している。我が鳥取士族もぜひ加わってほしい」と演説したのである。

これより前、陸軍から千人の兵の招集を依頼されていた慶徳だったが、その結果、なんと二千余名が応募してきたのだ。きっと慶徳も鼻が高かったろう。

さらにこのとき、士族授産のために銀行の創立を計画した。そして、旧領の学校や神社・仏閣、先祖の墓などもめぐり、親しく旧領民と交わり、七月二十日に京都を経て大阪から列車で東京へ戻った。

その後、天皇を神戸まで出迎えに行き、そのまま供奉《ぐぶ》して京都に滞在していた。八月に入って、慶徳は軽い風邪を引いていたが、八月二日の夜も来客と談笑していた。

そして、その日も、数十年書き続けている日記を記すなど普段と変わりなく過ごしていたのに、同夜、にわかに容体が急変したのである。分家との裁判沙汰、西南戦争での募兵、銀行の設立、華族会館の業務、とにかくここ二年間は多忙と気苦労の多い毎日だった。

伝記にも「多年の御心労の発しけるにや、暴《にわ》かに御病起りて」とある。「医師両名も来りて」「介抱医療に手をつくしたれど、急性の御病とて其効なかりき」「是暁午後三時、遂に薨去《こうきょ》せらる」「御病名急性肺加答爾《カタル》炎」（『前掲書』）であった。まだ四十一歳の若さであった。

臨終の場に駆けつけた数少ない家臣のなかに河田景与《かげとも》がいた。本圀寺事件の主犯格であった河田左久馬である。戊辰戦争で活躍して新政府に登用され、兵部大丞《ひょうぶだいじょう》、京都府大参事、弾正大忠《だんじょうだいちゅう》、民部大丞兼福岡藩大参事、鳥取県権令《ごんれい》などを歴任、このときは政府高官に成り上がっていた。

もし慶徳が寛大な処置をしなければ、河田の今はなかったはず。おそらく臨終に立ち会って、河田の心にさまざまな思いが込み上げてきたことだろう。

水戸家という縁もゆかりもないところから鳥取に来た池田慶徳は、十四歳で藩主となり、その誠実さと勤勉さでよく藩をまとめ、維新後も領民を気にかけ、国家のために大いに尽くし、飄然《ひょうぜん》と此《こ》の世から去っていったのである。

第二章

新時代を生きる

伊達宗城

新政府でも重用された先見の明

文政元年（一八一八）～明治二十五年（一八九二）

だて むねなり

●国名　伊予国
●居城　宇和島城
●石高　10万石
●爵位　侯爵

幕末の四賢侯の一人。文政元年(1818)に三千石の旗本、山口直勝の次男として誕生。12歳のときに宇和島藩主・伊達宗紀の養子となる。天保15年(1844)、宗紀の隠居によって八代藩主に。洋学の研究を奨励し、蘭書の翻訳や大砲・軍艦建造の研究にも力を入れる。安政の大獄によって隠居し、藩主の座を宗徳に譲るものの、文久2年(1862)12月からたびたび上洛して活躍。明治政府では高官として外交を取り仕切り、日清修好条規締結に尽力。明治25年(1892)、74歳で逝去。

宇和島藩《うわじま》

元和元年(1615)に伊達政宗の長男(庶子)である秀宗が封じられた。板島と呼ばれていた封地を宇和島と改称し、以後、幕末まで伊達氏が9代250年にわたって在封した。支藩に分知し経済難となり、10万石に復するまで本藩の援助を受けた時代もある。

伊達宗城（福井市立郷土歴史博物館蔵）

旗本の子から大名に

伊達政宗《だてまさむね》の長男秀宗《ひでむね》は側室の子である。当初は伊達家を継ぐ予定だったらしいが、正室の愛姫《めごひめ》に男児（のちの忠宗《ただむね》）が誕生したこともあり、慶長《けいちょう》十九年（一六一四）、伊予《い よ》宇和島《う わじま》十万石を与えられ翌年入部、大名として独立した。宗城《むねなり》は、その宇和島藩主の八代目にあたる。

もともと第五代藩主村候《むらとき》の外曾孫にあたり、当時、嗣子《しし》のなかった七代藩主宗紀《むねただ》の養子となった。実父は旗本の山口直勝《やまぐちなおかつ》である。文政《ぶんせい》元年（一八一八）に生まれた宗城が宗紀の養子になったのは、文政十二年、十二歳のときであった。

宗城には教育係として、藩士の岡野助左衛門《おかのすけざえもん》と松根図書《まつねずしょ》壽恭がつけられた。宗城は松根について「私の心をよく存じており、松根にすべてをゆだねています。とくにまりに信頼しすぎていると申す者もいますが、やはり、彼に委任しています」と水戸《みと》藩主徳川斉昭《とくがわなりあき》に書くほどであった。松根は代々宇和島藩の家老職にある家柄の当主で、宗紀の時代から藩政の中枢にいて、とくに天保《てんぽう》期には殖産興業政策による財政再建に尽力した。その次男である紀茂も図書を名乗り、やはり良き補佐役となり、二代にわたって宗城を支えた。

なお、五代藩主村候は跡継ぎを教育するための教訓状を残している。そこには「十五歳になったなら、それぞれの自由に任せ、あまり勉強を強制してはならぬ。とにかく武芸を重視させよ。色欲の盛りを過ぎたなら、学問についてはおのずと幼い頃に覚えたことを思い出し、正しい人間になるもの。近年は学問を重んじるばかりに二十歳を過ぎて武芸を始めるので、壮年になって理屈ばかり言うようになり、書物を見ても理解できないので面白いと思わず、教養が深まらない。また武芸も未熟ゆえ息切れしてしまうのだ」といった趣旨が記されている。おそらく宗城も、この教訓に従って「武」を重視する教育を受けたものと思われる。

天保《てんぽう》十一年（一八四〇）、佐賀《さが》藩主鍋島斉直《なべしまなりなお》の娘猶姫《なおひめ》と結婚した宗城は、四年後の天保十五年（一八四四）に隠居した宗紀に代わって藩主となった。二十七歳であった。

海外情勢を学んだ英主

宗城は初め、水戸藩主徳川斉昭の娘と婚約していたが、相手が死去したので縁談は破れた。しかし、それからも斉昭との親交は続き、その関係から土佐《とさ》藩の山内容堂《やまうちようどう》（豊信《とよしげ》）や薩摩《さつま》藩の島津斉彬《しまづなりあきら》が藩主に就任できるよう尽力してくれ、それが実現したあとも彼らとの交流を深めた。時の幕府の老中阿部正弘《あべまさひろ》は、こうした雄藩の外様大名の協力を得て幕政を運営していった。

靖国神社境内に建つ大村益次郎像（東京都千代田区）

　ペリー来航以前から我が国には盛んにアメリカ船やイギリス船が来航しており、瀬戸内海に加え太平洋に面する海洋藩である宇和島は、もともと海防意識が高かった。そのため前藩主宗紀の時代から、佐藤《さとう》信淵《のぶひろ》の助言を得て、家臣を江戸の西洋砲術家に弟子入りさせている。信淵は経世家として多くの書物をあらわすとともに、兵学や海防に詳しく、「日本は絶対的な権力をもった国家をつくり、世界に植民地を持つべきだ」と説いた。天保十年（一八三九）、信淵は『上宇和島藩世子封事』を書いて、殖産興業策や特産物の開発、物産の輸出を宗城に提言している。

　信淵に影響を受けたのか、宗城は『ロシア誌』『トルコ誌』『西洋列国史』などを次々に読破し、誰よりも世界情勢に詳しい大名になっていった。

　そうした素地のもと、さらに宗城は西洋の知識や技術を導入しようと、嘉永《かえい》元年

（一八四八）に高野長英《たかのちょうえい》を招聘《しょうへい》した。この男、なんと、幕府のおたずね者であった。もともとドイツ人医師シーボルトに学んだ著名な洋学者だったのだが、日本人漂流民を乗せて来航したアメリカの商船モリソン号を幕府が容赦なく砲撃したことを批判したため、牢に投じられてしまう。ところが、牢獄で火事を起こさせ、まんまと脱走したのだ。そんな犯罪者を宗城は密かに自藩に招いたのである。

宗城は、長英にオランダ兵学の研究と洋書の翻訳を命じた。滞在はたった一年足らずだったが、長英は数冊の兵書を翻訳し、砲台の設計を手がけた。藩ではその後も、大砲鋳造《ちゅうぞう》所や火薬製造所をつくり、鉄砲隊を創設するとともに、藩士に砲術習得を課した。また、蛭子山《えびすやま》や樺崎《かばさき》には砲台が設置された。

嘉永六年にペリーが来航すると、宗城は軍事力強化と西洋研究をさらに推進していく。その象徴が村田蔵六《むらたぞうろく》の招聘だ。蔵六は大坂の適塾《てきじゅく》で塾頭を務めた長州藩の村医者だった人物。そんな彼を藩士に登用し、兵学の講義や兵書の翻訳、軍事力の強化、砲台の築造、さらに西洋の軍艦の研究をさせたのだ。結果、見事に軍艦のひな形が完成し、それに乗って感激した宗城は、蔵六に金五百疋《びき》を与えた。

蔵六は幕府の蕃書調所《ばんしょしらべ》に抜擢され、その後、長州藩の藩士に取り立てられ、名を大村益次郎《おおむらますじろう》と改め、戊辰《ぼしん》戦争では陸軍のトップに立った。

軍艦建造事業は蔵六が去ったあとも継続され、ついに宇和島藩は安政《あんせい》五年（一八五八）末に独力で蒸気船の製造に成功した。しかしこの年、宗城は藩主から退いている。みずからの意志ではない。無理やり幕府から隠居を命ぜられたのである。

安政の大獄に連座

これより前、幕府内では十三代将軍徳川家定《いえさだ》の後継者を誰にするかということで対立が起こっていた。家定に子はなかったが、まだ三十代であり、結婚してそれほど月日もたっていなかった。なのになぜ、後継者問題が取りざたされるようになったのか――。

それは、家定が生まれながらたいへん病弱だったからだ。体が震えていて正座もできないほどだったといい、正直いつ死去してもおかしくない状態だった。さらに決定的だったのが、性的な交渉をもてなかったことだ。この情報は、薩摩藩出身の正室篤《あつ》姫《ひめ》など大奥から洩れたのである。病弱で子がつくれぬ将軍――だからこそ後継者問題が浮上したのだ。

幕府内は後継者をめぐって、一橋《ひとつばし》派と南紀派に分かれて対立するようになった。一橋派は、前水戸藩主徳川斉昭の子で、一橋家（徳川御三卿《ごさんきょう》の一つ）に養子に入った聡明な慶喜《よしのぶ》を擁立しようという一派だ。一橋派の大名としては、松平春嶽《まつだいらしゅんがく》（慶永《よしなが》）、島津斉彬、徳川斉昭といった阿部正弘に協力した藩主たちが中心勢力になった。もちろん、このなかには伊達宗城も入っていた。宗城は「もし慶喜が将軍になれば、日本は海外に雄飛し、諸外国を墜《お》として一挙に挽回《ばんかい》できるだろう」と述べている。このように雄藩の大名たちは、有能な慶喜を将軍にすえ、列強諸国の圧力という国難を乗り切ろうと考えたのである。

一方、将軍家定の従弟《いとこ》にあたる紀州《きしゅう》藩（御三家の一つ）主の徳川慶福《よしとみ》を推挙するのが南紀派だ。慶福はまだ幼児だった。しかし、変化を好まない譜代《ふだい》大名たちは、将軍職相続の伝統を重視し、将軍家の血統に近い人間を将軍にするべきだと主張した。

安政五年（一八五八）四月、彦根《ひこね》藩主井伊《いい》直弼《なおすけ》が大老に就任するが、南紀派の中心人物ゆえ、慶福を将軍後継者にしようと動き始めた。驚いた宗城は、みずから井伊直弼のもとに出向いて説得をおこなうが、井伊は応じず、六月に慶福を将軍継嗣と決定、さらに孝明《こうめい》天皇が勅許《ちょっきょ》を出さなかった諸外国との通商条約も独断で結んでしまう。

一橋派はこうした独裁に憤激し、井伊の屋敷に出向いて強く抗議する。井伊はそれを振り切って江戸城に登城すると、一橋派は追い駆けてまで撤回を迫った。すると、井伊は激高、一橋派を徹底的に弾圧し始めた。世にいう安政の大獄だ。こうして一橋派の大名や公家は永蟄居《えいちつきょ》や隠居謹慎、江戸城登城禁止などを命じられ、その家臣たちも厳罰になった。

たとえば福井《ふくい》藩士の橋本左内《はしもとさない》や長州《ちょうしゅう》藩士の吉田松陰《よしだしょういん》は死刑になっている。

当然、弾圧の魔の手は宗城にも伸びてきた。同年九月、井伊は伊達宗紀を自分の屋敷に呼び出した。二人は昔から親交があった。井伊は、宗城が公家と連携していること、江戸城内に拳銃を持ち込んで見せびらかしたことを列挙し、隠居させるよう伝えたのである。

宗紀は、宗城にその話を伝えた。宗城は井伊の話を否定したものの、「こうなっては隠居せざるを得ない」と決意した。数日後、宗紀がふたたび井伊のもとを訪れ、宗城が隠居を承知した旨《むね》を伝えた。かくして十一月、藩主の地位を嗣子宗徳《むねえ》（宗紀の実子）に譲った。さらに宇和島藩では宗城の腹心吉見長左衛門《よしみちょうざえもん》が重追放の刑に処せられた。

宗城はこの措置に対して国元の家臣が軽挙妄動《もうどう》せぬよう、家老衆に宛てて隠居に至る経緯を記した文書を与えた。「身の潔白を主張し続けたらたいへんなことになり、歴代藩主に迷惑をかけてしまうので引退を覚悟した」と記し、同時に「自分の隠居についてはお前たちも納得するように」と念を押した。そして末尾に「かくなるも吾身《わがみ》

之とかと思ひつゝ　人をも世をも怨《うら》みさらまし」という歌を認《したた》めた。
宗城の無念さがにじみ出ている。

公武合体派として京で活躍

それから二年後、井伊直弼は桜田門外《さくらだもんがい》で水戸浪士らに襲撃、暗殺され、幕府の威信は失墜する。このため老中の安藤信正《あんどうのぶまさ》は、朝廷と協調しながら政治を進める方針（公《こう》武合体《ぶがったい》政策）に転換、孝明天皇の妹和宮《かずのみや》を将軍家茂《いえもち》の妻とした。ところが、尊王攘夷《そんのうじょうい》派（水戸浪士）は「和宮を人質に取り、朝廷の力を押さえようとするものだ」と怒り、文久《ぶんきゅう》二年（一八六二）に安藤を坂下門外《さかしたもんがい》に襲撃したのである。これにより安藤は失脚し、幕府の威勢は地に墜ちた。

以後、長州藩を中心とする尊攘派は、三条実美《さんじょうさねとみ》ら急進派の公家と結びついて朝廷を動かし、将軍家茂に「上洛して攘夷を決行せよ」と迫るようになった。

こうしたなかで宗城は同年十一月、朝廷から「入京して協力せよ」という勅命を受ける。宗城は「愚劣不肖《ふしょう》の身であるが、思いがけず重い命令を受け、冥加《みょうが》につき、ありがたく恐れ多いかぎりだ。今後は身命を投げうって朝廷皇国のために心力を尽くそう」と、その決意を日記に認めている。十二月、三百名以上を引き連れて上洛した宗城は、同じく京都にやってきた雄藩の大名たちと連絡をとり合い、公武合体のために動き始めた。翌文久三年三月には、家茂が家光《いえみつ》以来約二百三十年ぶりに上洛することになっていた。

そんなある日、宗城の宿所浄光寺《じょうこうじ》の門扉《もんぴ》に脅迫状が張りつけられた。

「宇和島老賊（宗城）よ、お前は安政の大獄《たいごく》で幽閉されていたところを、朝廷の情けによって再出仕させてもらった。きっと尊攘のために活躍するだろうと期待していたのに、上京後は因循姑息《いんじゅんこそく》の説（公武合体策）をとなえている。このように勅命に違反し、尊攘派の分裂を画策し、天下大乱を起こそうとするのは言語道断。早々に改心しなければ、宿所に討ち入って血祭りにしてやる」

このため国元からは警備の藩士たちが増員されたが、予告は実行されることはなかった。

その後、宗城は孝明天皇に拝謁《はいえつ》して天盃を与えられ、攘夷を祈願する加茂社《かもしゃ》行幸《ぎょうこう》に供奉《ぐぶ》するが、尊攘派の勢いが増すと、同志の松平春嶽は幕府の政事総裁職《せいじそうさいしょく》を投げ出し、島津久光《ひさみつ》も天誅《てんちゅう》を恐れて大坂へ退去、山内容堂も国元へ戻ってしまった。そこで宗城も帰国することにしたのである。

朝廷での参与会議の瓦解

文久三年（一八六三）八月十八日、過激な攘夷派を嫌った孝明天皇の同意のもと、会津《あいづ》藩と薩摩藩が公武合体派の公家と結んで朝廷でクーデターを決行、急進派の公家を失脚させ、長州藩の宮門警備の任を解いた。こうして公武合体派が朝廷の実権を握ると、島津久光の呼びかけに応じて宗城はふたたび上洛、一橋慶喜、松平春嶽、松平容保《かたもり》、山内容堂らとともに朝廷の参与に任じられ、参与会議が開催されることになった。

会議は横浜港の閉鎖をめぐって紛糾する。じつは尊攘派の圧力によって幕府は正式に横浜港の閉鎖を決定していたが、列強と通商条約を結んでいる状況で、「そんなことはすべきではない」という意見が強く、参与会議の議題にのぼったのである。

だが、慶喜一人だけが閉鎖を強硬に主張、現状維持をとなえる宗城、松平春嶽、山内容堂の三名を指さし、「この三人は天下の愚物、大奸物《だいかんぶつ》なるから信用してはいけませんよ。彼らを信用したから、今日のような過誤が起こったのです」と罵倒《ばとう》したのだ。

慶喜も本心は閉鎖に反対だったが、幕府が決めたことを簡単に撤回するのは威信にかかわるうえ、島津久光が朝廷で台頭するのを嫌い、こうした発言をしたのだといわれる。これにより参与会議は空中分解し、宗城も「今日の状況は痛慣の至り、もはやどうしようもない。慶喜の所業、じつに不可解」と失望、元治《げんじ》元年（一八六四）四月、宇和島に帰ってしまう。

それから三ヵ月後、失脚した長州藩が大軍で京都に乱入（禁門《きんもん》の変）、薩摩・会津両軍に敗れ、朝敵となって幕府軍の征討を受けるところとなったが、政権を握った長州藩の保守派が尊攘派三家老の首を差し出して謝罪・恭順《きようじゆん》したので武力衝突は回避された。

ところが、まもなく高杉晋作《たかすぎしんさく》が武力蜂起《ほうき》し、保守政権を倒して長州に革新政権を成立させたのだ。

このため慶応《けいおう》二年（一八六六）夏、第二次長州征討がおこなわれたが、すでに薩長同盟が密かに結ばれており、薩摩藩は征討軍に参加せず、坂本龍馬の結社亀山社中《かめやましやちゆう》などを通じて長州藩に武器を給与した。この長州征討で、宗城の宇和島藩はどのように動いたのか――。

宗城はこの軍事行動に反対だったが、幕命を受けて仕方なく伊予松山藩の援護のため八千の部隊を出すが、途中で動きを止めてしまう。さらにキング提督率いるイギリス艦隊から宇和島入港の希望が伝えられると、その接待を口実に軍を引き返した。一方で、長崎で手に入れた蒸気船で幕府方の小倉《こくら》藩へ小銃を運ぶなど、何とも日和見《ひよりみ》な行動をしている。

結局、幕府の大軍は各口で長州軍に敗れ、「将軍家茂が亡くなったので喪《も》に服す」という口実で撤収した。だが、幕府軍の敗北は明らかゆえ、その権威は失墜した。

宗城は宇和島に来航したキング提督やイギリス公使パークスと会談、同時にイギリス軍の練兵を観覧、これを機に銃隊をイギリス式に変え、さらに十二月にイギリスの書記官アーネスト・サトウがアーガス号に乗って宇和島に来航したおり、藩主宗徳や側室、奥女中などとともに乗船している。このとき宗城は「我が国の政治混乱の収拾にイギリスも関与してほしい」と求めた。だが、サトウに「それは内政干渉になるからできない」と断られている。外国の関与によって政局を鎮《しず》めようというのは、かなり危険な発想だが、宗城が急速にイギリスに接近していることがわかる。

アーネスト・サトウ（横浜開港資料館蔵）

長州征討後、薩摩の島津久光が中心となって山内容堂、松平春嶽、そして宗城を上洛させ、四侯《しこう》会議を開くべき政治工作を始めた。薩摩藩としては、同盟を結んでいる長州藩の朝敵の汚名を解除し、将軍になった慶喜が進めている兵庫開港を阻止しようとしたのだ。また、この四侯を中心とした雄藩連合政権の樹立も視野に入れていた。

慶応三年二月末、薩摩の西郷隆盛は宗城を説得するために宇和島を訪れ、薩摩の構想を語った。しかし、宗城は上洛を約束したものの、自分の態度をはっきり表明せず、西郷を失望させたのだった。

五月より四侯会議が何度か開かれたが、長州問題と兵庫問題のどちらを先決にするかで決着がなかなかつかず、さらに将軍慶喜がこの会議に入ってくると、その弁舌の鋭さに四侯は圧倒され、完全に会議の主導権を奪われてしまう。朝廷の会議でも慶喜の舌鋒《ぜっぽう》は冴《さ》えわたり、ついに天皇から兵庫開港の勅許を獲得するまでになった。

こうしたなかで、薩長両藩は「幕府を武力で倒すしかない」と考えるようになった。慶喜はフランスの力を借りて江戸で猛烈な軍事改革を展開しており、「家康の再来」と恐れられていたからだ。対して土佐藩の山内容堂は、平和的に幕府が政権を朝廷へ返上し、誕生した新政府に慶喜が参画できるように画策し始めた。

では、宗城はどちらに加担したのか――。

薩長の武力倒幕に反対

宗城は武力倒幕ではなく、土佐藩の大政奉還論《たいせいほうかんろん》に同調した。慶応三年（一八六七）十月、大政奉還が実現するが、倒幕派はすぐに巻き返しをはかり、十二月九日にクーデターを起こして王政復古《おうせいふっこ》の大号令を発して新政府を樹立、同夜に政府の中心メンバーを集めて開催された小御所《こごしょ》会議において、慶喜の辞官納地《じかんのうち》を決定した。

宗城は、この会議に参加していなかった。会議では薩摩藩の大久保利通《おおくぼとしみち》や公家の岩倉具視《いわくらともみ》など倒幕派が主導権を握り、山内容堂や松平春嶽など公議政体派《こうぎせいたいは》（雄藩による議会制を導入し、国家を統治しようとする一派）は押し切られて慶喜の辞官納地を決定してしまった。そこで穏健派の山内容堂は、同月十二日宗城に手紙を送って「松根紀茂とともに上洛してほしい」と要請。これに応じて宗城が二十二日に京都に入ると、二十八日に新政府から議定《ぎじょう》（重職）に任じられた。宗城は、容堂や春嶽とともに武力倒幕を食い止めるため政治工作を進めた。こうした努力により、諸大名も慶喜の辞官納地に反対し始め、倒幕派は政府内で失脚したのである。

翌慶応四年正月元日には、岩倉具視から宗城は政治上の助言を求められている。宗城は「これまでの確執はすべて忘れ、王政復古の実をあげるため、徳川家や朝敵であった長州藩も招いて、皆で一致協力する必要がある」と答えた。

このままいけば、慶喜が新政府に参加し、盟主となることは確実だった。

ところが、薩摩藩が浪人を使って江戸の治安を乱したため、佐幕《さばく》派が三田《みた》の薩摩藩邸を襲撃、これを知って大坂城の旧幕臣らが興奮し、慶喜も彼らを抑え切れなくなり、一月二日、討薩《とうさつ》の表をかかげ、部下に京都への進撃を許してしまったのである。

翌三日、軍事総裁仁和寺宮嘉彰親王《にんなじのみやよしあきら》のもとで宗城は軍事参謀を拝命したが、旧幕府軍とは鉾《ほこ》を合わせず、禁裏《きんり》（御所）の諸門の警備にあたった。四日、嘉彰親王は征《せい》討《とう》大将軍となり、明治天皇は錦旗《きんき》と節刀《せっとう》（出陣する将軍に与える刀）を下賜《かし》、薩摩、長州、芸州軍が従属することになった。倒幕派に錦《にしき》の御旗《みはた》（官軍の印）が与えられ、慶喜は朝敵とされた。

これを知った宗城は参内《さんだい》して、「この戦争は薩長が始めたもの。他の藩は戦う意志はありません。もし薩長に任せてしまうと、朝議は薩長の思うままになります。これは歎息《たんそく》の至りです。どうか諸藩に議論させたうえで公平至当のご処置を願います」と言上した。

土佐藩と広島《ひろしま》藩もこれに同調したものの、その意見は容《い》れられず、官軍（新政府軍）は出立し東寺《とうじ》に着陣した。宇和島藩にも再三出馬が命じられたが、宗城はそれに従わなかった。

日記には「ついに御発向が決まってしまった。ああ、歎《なげ》くべし、惜しむべし、悲しむべし。慶喜公が恭順するのは間違いないのに、ついに冤罪《えんざい》を被《こうむ》られた。その元兇《げんきょう》は会津藩と桑名《くわな》藩だ。もっとも私の弁護も行き届かなかった。恥じ入る次第である。もう救うことはできない。今後は朝議に従うしかない」といった主旨を記している。

そして翌五日、軍事参謀の辞職願を差し出したのである。願いは八日に許された。

外国とのトラブル解決に奔走

鳥羽《とば》・伏見《ふしみ》の戦いは旧幕府軍が敗れ、慶喜は江戸へ遁走《とんそう》した。こうして宗城らが描いた構想は完全に瓦解した。宗城は議定についても辞意を漏らしたが許されず、正月十三日、外国通であることを買われ、外国事務掛を兼務することになった。十七日には職制が改められて外国事務総督となり、二月三日、外国事務局輔《ほ》、いまでいう外務副大臣のような地位についた。

この時期、宗城は神戸事件の解決に奔走している。正月十一日、備前岡山《びぜんおかやま》藩家老の日置帯刀《ひきたてわき》率いる藩兵が摂津国西宮《せっつのくににしのみや》の警備へ向かう途中、神戸三宮神社《さんのみやじんじゃ》付近でフランス水兵数名が行列を横切ろうとした。これは極めて無礼な行為であり、歩兵隊長であった滝善三郎《たきぜんざぶろう》が強く制止したが、言うことを聞かないので槍で軽傷を負わせた。これ

仁和寺宮嘉彰親王こと小松宮彰仁親王像（東京都台東区）

がきっかけで双方の銃撃戦が始まった。ちょうど神戸開港を祝うため近くにイギリスのパークスら列国の公使がおり、激怒したパークスが列国の兵を上陸させ、銃撃戦に発展したのである。

まだ戊辰《ぼしん》戦争が始まったばかりで、新政府は日本を統一していなかったが、代表政府として折衝《せっしょう》にあたった。列国は滝の処刑を要求した。宗城は外交責任者として交渉に深く関与するとともに滝の助命に尽力した。助命するか否かを公使たちは投票によってはかったが、結果、否決された。宗城はイギリスなど六ヵ国の公使たちに神戸における岡山藩の失態を謝罪したうえで、余儀なく滝を切腹させることにした。二月九日、兵庫の永福寺《えいふくじ》において列国公使が見守るなか、滝は自刃《じじん》して果てた。宗城はその死を悼《いた》む歌を詠《よ》んだ。

「ひとすしに　思ひきりても　瀧のいとの千筋も　ゝすしそうなみた哉《かな》」

こうして神戸事件が一段落着いた直後の二月十五日、さらに大規模な外交事件が発生した。堺に上陸してきた数十人のフランス水兵の素行が悪く、住人たちは非常に迷惑していた。このため警備の土佐藩兵が説諭して帰艦させようとしたが、言うことをきかない。そこで捕縛しようとしたところ、銃撃戦に発展したのである。結果、十一名のフランス人が戦死した。フランス公使ロッシュは、外国事務局輔である宗城に対し、十五万ドルの賠償金と土佐藩兵の処刑を強く要求した。

宗城はロッシュのもとを訪ねて陳謝し、その要求をすべて受け入れることにした。この時期、徳川家はまだ江戸城を明け渡しておらず、東国諸藩も新政府につくかどうかわからぬ状況で、列強諸国の心証を悪くすることは新政府の浮沈にかかわるからだ。ただ、事件でフランス水兵に発砲した土佐藩兵は二十九名いたが、交渉の末、処罰する人数を二十人に減らすことが認められ、クジであたった二十名の処刑が決定した。

かくして一月二十三日、堺の妙国寺において戦死したフランス水兵の上官立ち合いのもと、処刑が始まった。だが、切腹した藩士が切り裂いた腹から腸を取り出してフランス兵に投げつけるなど、あまりの酷《むご》さゆえか、あるいは犠牲者と同数の切腹が終わったからかわからぬが、十一人の切腹時点でフランス側の申し出により、処刑は中止になった。翌日、宗城はロッシュと会談し、残り九名の助命を求め、了承されたのだった。

二月三十日、列国の公使を京都の朝廷に招き、天皇との謁見《えっけん》がおこなわれることになった。ところが当日、過激な攘夷主義者が宮中へ向かうパークスを襲撃したのである。パークスは難を免《まぬか》れたが、政府はパークスが宿泊していた知恩院《ちおんいん》に宗城を派遣して謝罪した。パークスは犯人の処刑を要求、新政府はそれを受け入れ、実行犯を死刑に処した。

新政府の要職を歴任

このように外交事件に忙殺される宗城だったが、慶応四年（一八六六）閏《うるう》四月、外国官の知官事に就任した。外交のトップであり、いまでいう外務大臣である。翌五月には政府の高官である参議に任じられた。宗城は外国知官事と参議就任を辞退したが、「外国との難事件の解決に厚く尽力しているのを評価して、お前をこの職につけたのだから辞退に及ばず、すみやかに引き受けるように」と、辞退が許されることはなかった。

この時期、東北地方の三十一藩で奥羽越列藩同盟《おううえつれっぱんどうめい》が組織され、新政府に敵対することが明らかになった。さらに驚くべきは、この同盟の主は仙台藩伊達家だったのである。

これは宗城にとって衝撃であった。仙台伊達家は宗家であるうえ、宗城の次男宗敦《むねあつ》が藩主伊達慶邦《よしくに》の養子になっていたからだ。

宗城は「みずからの官職を解いていただき、仙台に赴《おもむ》いて伊達慶邦を説得させてほしい」と訴えた。朝廷は仙台藩を説得することを認めたが、八月になると東北での戦争が始まってしまい、新政府は慶邦と宗敦の官位の剝奪《はくだつ》を決定、これを討伐することとし、宗城の仙台行きは中止となった。

翌九月、仙台藩はすんなり降伏、翌明治二年（一八六九）五月には、箱館《はこだて》戦争によって新政府に抵抗する勢力は潰滅《かいめつ》した。同月、宗城は外国官の知官事の職を解かれ、七月に他の雄藩大名とともに麝香間祗候《じゃこうのましこう》（政府の功労者が天皇の相談役として隔日に出仕する名誉職）となった。

ところが、二ヵ月後の九月。にわかに新設された大蔵省と民部省を兼ねるトップ（卿《きょう》）についたのである。これは大名としては異例のことであり、それだけ宗城の政治的手腕が評価されたのだろう。

この部署には伊藤博文《いとうひろぶみ》、大隈重信《おおくましげのぶ》、井上馨《いのうえかおる》、渋沢栄一《しぶさわえいいち》、前島密《まえじまひそか》など新進気鋭の官僚が多数おり、まさに政権の中枢であった。それゆえに宗城がしゃしゃり出なくてもよかったと思われる。やはり、宗城の真骨頂は外交であった。それは新政府も重々承知しており、明治四年四月、宗城は欽差《きんさ》全権大臣（天皇に全権を委任された臨時の大臣）に任じられて、清国へ派遣された。同国と通商条約を結ぶためだ。

日清修好条規の締結に尽力

幕末から清国の商人たちも続々と横浜や神戸などの開港場にやってくるようになり、住人とのもめ事が絶えなくなった。そこで幕府は清国に通商条約の締結を求めたが、清国はこれに応じなかった。明治政府は、明治三年（一八七〇）に条約を結ぶ予備交渉として外務権大丞《ごんのだいじょう》の柳原前光《やなぎわらさきみつ》らを天津《てんしん》に派遣し、署理三口通商事務大臣成林《せいりん》に対し総理《そうり》衙門《がもん》（清国の外務省）との交渉を要求した。成林はこれを拒んだが、柳原らは私案というかたちで和親条約案を提示した。

当初、総理衙門は「日本とは隣国同士なのだから、信頼関係があり、条約など必要ない」と返答してきたが、柳原が清国の実力者李鴻章《りこうしょう》と会って力説したことから、ようやく交渉の見通しが立った。かくして宗城が翌明治四年五月に欽差全権大臣として清国に赴いたのである。交渉は、全権大臣の李鴻章と補佐役の署理天津海関道陳欽《ちんきん》らがあたった。

宗城は清国が列強諸国と結んだ清にとって不平等な条約を参考とした案を提示し、それをもとに交渉に入ろうとしたが、清国はこれを強く拒んだ。そして最恵国待遇や内地での通商を削除した案をつくり、「これをもとに審議してもらいたい」と要求してきたのだ。

宗城は悩んだすえ、ついにそれを承諾することにした。

こうして宗城の妥協によって交渉はスムーズに進み、七月二十九日、日清修好条規十八ヵ条と通商章程、海関税則が調印された。日清修好条規の内容は、日清両国にとって完全に対等なものであり、互いに領事裁判権も認め合った。

だが、清国に不平等な条項を押しつけようとしていた一部の日本政府高官からは不評であった。ちょうどそのとき、ドイツとアメリカの公使からこの条約についての疑問が寄せられた。

日清修好条規第二条に「他国より不公及び軽藐《けいばく》のことあるとき、その知らせを為さば、いずれも互いに相助け」という文言についてであった。「他国が日本と清国を見下し愚弄した場合、両国は互いに助け合う」という意味である。この文言は、「攻守同盟ではないか」というわけだ。そこで外務卿の岩倉具視は、宗城を含む日本全権団を召喚したのだった。そして同年九月、諸外国の批判の責任をとるかたちで、宗城はすべての職を免ぜられ、麝香間祗候となった。

日清修好条規については批准《ひじゅん》が延期となり、柳原前光との間で再度交渉がおこなわれた。だが、清国が折れる様子がないため、仕方なく二年後の明治六年四月、批准に同意したのである。なお、清国では宗城の外交力は高く評価され、宗城と交渉をおこなった陳欽は、再度渡清した柳原に「宗城公は非常に心が広く、寡黙《かもく》であるけれど大人の風があり、一目で一流の人物だとわかった。今回、免職になったのは本当に残念だ。宗城公の苦衷《くちゅう》をお察しする。お元気でおられますか」と気にかけたと伝えられる。

時代が求めた最後の賢侯

宗城は明治天皇の信頼も厚く、明治六年（一八七三）十二月には天皇が浅草今戸《いまど》にある宗城の屋敷に巡幸している。翌年二月、宗城が参内したさい、明治天皇はこのおり歌った「冬眺望」「朝鶯」と題する歌（御製宸筆《ぎょせいしんぴつ》）を宗城に与えている。宗城は日記に「御手下され置き、御存寄、恐れ入り有り難き仕合いに付、感泣《かんきゅう》候事」とその感激を記している。

宗城は十八年後の明治二十五年（一八九二）十二月二十日に七十四歳で死去するまで、政府の公職にはつかなかったが、その外交能力は政府も高く評価しており、明治五年にはロシアの皇子、明治六年にはイタリアの王子、明治十二年にはドイツの皇族、明治十四年にはハワイ王国のカラカウア王、明治二十年にはロシアの貴族の接待を命じられている。日本政府の外国要人の接待役として重宝されたのである。

また、将来的に国会が開かれた場合、上院を構成するのは旧大名や公家などの華族だと考え、宗城は西村茂樹《にしむらしげき》の上院設立構想に賛意を示し、中山忠能《なかやまただやす》、松平春嶽、大原《おおはら》重徳《しげとみ》らとともにその実現に尽くすとともに、華族の力量を蓄える組織の設立に動いた。のちにそれは華族会館として結実する。

伊達宗城は、このように頭脳明晰なうえ立派な人格者であり、幕末の宇和島藩は名君のもとに団結し、過激な尊攘派の志士をほとんど出すことがなかった。そこが同じ幕府寄りの土佐藩や佐賀《さが》藩と違っていた。もし土佐の板垣退助《いたがきたいすけ》や佐賀の大隈重信、江《え》藤新平《とうしんぺい》のような者たちがいたら、きっと宇和島藩も新政府の中枢に残ることができたのではないかと思う。そういう意味では、宗城という名君が宇和島藩の新政府における勢力拡大を阻《はば》んだともいえるのかもしれない。

九鬼隆義
商社を興しクリスチャンになった十三代目

天保八年（一八三七）〜明治二十四年（一八九一）

くき たかよし

●国名　摂津国
●居城　三田陣屋
●石高　3万6000石
●爵位　子爵

天保8年（1837）、綾部藩主九鬼隆都の三男に生まれる。23歳のとき、三田藩主隆徳の逝去にともない養子に入り跡を継ぐ。儒官の白洲退蔵をブレインに登用し、西洋の技術を藩内に取り入れ、兵の軍備の洋式化も進めた。版籍奉還により知藩事となり改革を進めるも、廃藩置県により免官。神戸に居を移し、不動産事業で巨利を得て、神戸初の貿易商社を設立。輸入業だけでなく、不動産や金融業も手がけ、神戸発展の礎を築く。明治24年（1891）、55歳で逝去。

三田《さんだ》藩

有馬氏が立藩した。有馬氏2代が死歿後に廃藩となるが、松平（能見）氏が入り藩は復興し、その後、志摩国鳥羽藩から九鬼氏が移された。以降、240年13代にわたって九鬼氏が治める。移封の原因は家督争いであるが、海将としての能力を恐れた幕府が、海に臨まない地に移したとの異説がある。

九鬼隆義（兵庫県三田市役所蔵）

改革に邁進する英明な藩主

九鬼《くき》隆義《たかよし》は、九鬼の宗家としては十四代にあたる。

九鬼といえば、戦国時代に織田《おだ》水軍の主将として活躍した九鬼嘉隆《よしたか》がよく知られている。関ヶ原の戦いで嘉隆は西軍につき、東軍に荷担した息子の守隆《もりたか》と争うが、西軍の敗北を知って逃亡後に自刃《じじん》した。

徳川家康《とくがわいえやす》はその後、守隆に鳥羽《とば》城と志摩《しま》領（五万六千石）を安堵《あんど》したが、その息子の隆季《たかすえ》と久隆《ひさたか》が家督争いを始めた。そこで幕府は、家督を継いだ久隆を摂津国三田《せっつのくにさんだ》（三万六千石）へ移し、不満をもった兄の隆季に丹波国綾部《たんばのくにあやべ》（二万石）を与えて騒動を決着させた。こうして九鬼氏は、二つに分裂してしまった。

隆義は、もともと九代綾部藩主隆都《たかひろ》の三男として生まれたが、十二代三田藩主の精《きよ》隆《たか》が急逝したため、隆義がにわかに十三代藩主となって三田へ入ったのだ。

文久《ぶんきゅう》二年（一八六二）六月十二日、隆義は家臣を集めて藩政改革を宣言、広く家中に意見を求めるとともに、藩校「造士館《ぞうしかん》」の教授だった白洲退蔵《しらすたいぞう》（白洲次郎の祖父）を側用人改革掛に登用して改革を進めていった。

まずは倹約令を発し、家臣や領民に衣類や食事など、生活全般の節制を徹底させたが、興味深いのは火葬を厳禁したことだろう。火葬は犯罪者を火刑に処すのと同じで

陣屋があったとされる三田城跡（兵庫県三田市観光協会提供）

あり、父母に対する不孝にあたるというのが、その理由だった。

また、不道徳な僧侶を厳しく取り締まり、領内各所に存在する寺院や神社の合併・統合を進め、農地にある寺社林については、これを容赦なく伐採させ、跡地を田畑にせよと命じた。

さらに領内の長寿者や孝行者を積極的に表彰していった。こうした儒教的な政策は、白洲退蔵が儒学者であったことと大きく関係している。

地方制度の刷新にも手を入れ、長年、郡奉行《こおりぶぎょう》として実権を握っていた隆屋甚平を除き、新たに武藤緝次郎や大原辰五郎などを抜擢して効率的な地方支配を実現していった。

教育制度の刷新にも力を入れた。

「これからは知識を獲得することが重要だ」という隆義や退蔵の信念のもと、郷校《ごうこう》を領内各所に設置し、七歳から十二歳の領民（男女とも）を入学させ、藩士を教師として彼らに初等教育を授けた。校舎には廃絶した寺社の堂をあて、その経費は先述した寺社林の跡地につくった田畑（学田）などからの収入をあてた。しかし、それだけではまかなうことができず、領民たちにも学校経費を負担させた。

陣屋のある三田町においても「市学校」が設立され、町中の子供たちをこの学校で学ばせたが、やはりその経費は町費から捻出《ねんしゅつ》させた。

足軽制度も改め、その呼称を「下卒《かそつ》」として明確に武士階級に組み込み、俸禄《ほうろく》（給与）については一律化を進めた。一方で彼らのなかから有能な者を積極的に登用していった。

慶応《けいおう》年間には軍制改革も進め、大量の鉄砲と弾薬を購入して洋式歩兵軍を創設している。

この頃になると、隆義や退蔵は西洋文明の導入をはかり、安価な外国製品を大量に購入する方針を決め、藩士の兵装についても筒袖《つつそで》にズボンとし、幕府にその許可を求めた。残念ながらそれは認められなかったが、隆義自身は髷《まげ》を切って総髪にして後ろで結び、洋装するようになった。

親徳川派として迎えた明治維新

慶応二年（一八六六）に幕府の第二次征討軍が長州藩に敗れると、三田領内でも治安が悪化し、「ええじゃないか」の乱舞が伝播《でんぱ》、放火騒ぎが起こるなど人心は不安定になっていった。翌三年十月、大政奉還《たいせいほうかん》によって幕府は消滅するが、隆義は徳川家に誓詞《せいし》を差し出して忠誠を誓い、家中に対しても「徳川のために領地を返上し、身を捧げる覚悟である」と述べている。かなりの親徳川であったことがわかる。

ただし、その思想は開明的で、王政復古《おうせいふっこ》の大号令が出されて新政府が樹立されると、「今後は議会を開いて共和政治をおこなう必要がある」と主張している。もっとも、政権の中心はあくまで徳川家であり続けるべきだという信念から、十二月一日、隆義は徳川家に対して「徳川家が朝廷からふたたび政権の委任を受けたうえで、諸大名と諸士による公議政体を実現してほしい」と上書を提出し、徳川主導の連合政権をとなえた。

しかし、それからわずか数日後、薩長倒幕派によるクーデターにより、慶喜に対して辞官納地《じかんのうち》が命じられてしまった。

　こうして成立した新政府は、諸大名に上洛を要請したが、隆義は江戸に滞在したまま動こうとしなかった。

　一方で国元の三田藩士たちの大半は、こうなってしまったうえは朝廷の新政府にすみやかに従うべきだと主張、家老の九鬼主水《もんど》などは、「もし主君の隆義が帰国しようとせぬなら、家中一同で江戸へ押しかけてお帰りいただこう」と言い始めた。こうした状況を知った隆義は、しぶしぶ十二月末に江戸を発《た》って海路三田へ向かった。が、その途中、政情が一変する。鳥羽・伏見《ふしみ》の戦いが始まり、旧幕府軍が薩長を中心とする新政府軍にあっけなく敗れ、徳川慶喜《よしのぶ》は部下を見捨てて大坂城から江戸へ逃げ戻ってしまったのである。

　本来なら、兵庫の港に着いた隆義は朝廷のある京都へ入るべきだったが、病を理由にそのまま三田へ戻ってしまった。そして家臣の星崎佐左衛門を京都へ遣わして、「病気が癒えたらただちに上洛いたします」と連絡し、その後は有馬《ありま》温泉に湯治に出かけるなど、なかなか新政府へ出仕しようとしなかった。隆義が京都へ入ったのは、すでに江戸無血開城も終わり、徳川が静岡の一大名に転落した慶応四年七月のことであった。

一揆勢に囲まれ暴行される！

翌明治二年（一八六九）、二年にわたる凶作や重税に対し、領民たちは三田藩庁に年貢の減免を願い出るようになった。しかし藩庁は願いを許さず、厳しく税を取り立てようとしたため、同年十一月に農民一揆《いっき》が発生、多くの農村を巻き込みつつ一揆勢は増大し、三田町の三田藩庁を目指し始めた。

驚いた隆義（当時は知藩事）は家中に総登城を命じ、会議の結果、白洲退蔵らとともに農民たちの説得にあたることにした。

白洲退蔵（兵庫県三田市役所蔵）

そして馬に乗って一揆勢が集まるところへ乗り込み、「お前たちに願いがあれば、必ず話を聞いてやるからすぐに解散せよ」と大音声《だいおんじょう》で群衆に呼びかけた。藩主みずからがやってきたことを知った農民たちは、ぞろぞろと隆義のところへ集まり出し、取り囲んだうえで石や木を投げつけたのだ。この騒ぎに馬が驚き、隆義が落馬すると、農民たちは隆義に手をかけ、着ていた陣羽織を引き裂き、もみくちゃにした。白洲の乗っていた駕籠《かご》も破壊されたうえ、溝《どぶ》に捨てられたという。

隆義は東上野村で庄屋を務める喜兵衛に背負われ、ほうほうの体《てい》で藩庁に帰りついた。これを見た藩士たちは鉄砲や刀で一揆に対応しようと主張したが、結局、武力鎮圧は実施されなかった。翌日、多数の農民が陣屋の門外に集結し、「改革派の白洲退蔵や小寺泰次郎《こでらたいじろう》の免職や追放。代官の差し替え。九鬼兵庫《ひょうご》の家老就任。かつての地方制度の復活。年貢の六割引き。伝統的葬式方法の復活。学校の廃止。食用として牛を殺害することの禁止。寺社林の伐採禁止」などを藩庁に要求してきた。同時に一揆勢の一部が、町の豪商の屋敷を襲撃して破壊する行動に出た。

福沢諭吉の助力で一揆の黒幕に対峙

これまで隆義が藩や領民によかれと思って進めてきた藩政改革による近代化・効率化が全否定されたわけだ。しかも領民から直接暴行を受けたわけだから、おそらく隆義は相当なショックを受けたことだろう。

それでも隆義は、首謀者を処罰しないことを約束し、一揆の要求を人事刷新以外は基本的に受け入れる態度を見せた。このため農民たちは帰村し、一揆は終息した。

が、翌月になると、隆義は態度を豹変《ひょうへん》させる。各郷の代表者を集め、徹底的に取り調べて首謀者を処分すると宣言、みずからも積極的に関係者の事情聴取を始めたのである。というのは、この一揆の裏に僧侶や新政府の弾正台《だんじょうだい》が関与していることが明らかになったからだ。寺社林を伐採し、寺院を統合する隆義の改革に反発し、領内の僧侶たちが密かに一揆を先導していたのだ。

また、弾正台は新政府の監察機関だが、政府の主流派からはずされた攘夷《じょうい》主義者の拠点になっており、洋化主義をかかげて改革を進める三田藩が気に入らなかったらしい。

実際、一揆が起こる数ヵ月前、弾正台は三田藩の公議人（重臣）である九鬼求馬を京都に呼びつけ、三田藩が神社を破壊し、鎮守の森を伐採した事実、藩士に廃刀を命じ洋服を着用させていることなどを厳しく糾《ただ》している。どうやら、この弾正台が一揆の首謀者であった惣左衛門《そうざえもん》、市右衛門《いちえもん》らと気脈を通じ、三田藩に混乱を引き起こしたらしい。

これを知ったからこそ、にわかに態度を改めたのだ。

隆義は首謀者として惣左衛門を処刑し、被害を与えた商家に対し一揆側に五百両を弁済させた。すると、案の定、弾正台が動き出した。今回の一揆について取り調べる

川本幸民（日本学士院蔵）

として、弾正台が白洲退蔵を喚問《かんもん》したのである。

これに対抗するため、隆義は懇意《こんい》にしていた福沢諭吉《ふくざわゆきち》を通じて政府実力者の岩倉具視《いわくらともみ》に働きかけた。このため隆義は、新政府のお咎《とが》めを免《まぬか》れ、翌年、新政府は保守的な弾正台の権限を大幅に削ってしまい、三田藩の危機は去った。

隆義は、福沢諭吉と非常に親しい関係だった。三田藩の藩医出身の川本幸民《かわもとこうみん》が二人をとりもったのではないかと考えられている。川本は江戸で蘭学を修得し、マッチやビールの試作、写真術などで名を高め、幕府の蕃書調《ばんしょしらべ》所の教授となり、同じく幕臣にとり立てられた福沢と懇意になっていたからだ。

隆義が学校を重視したのも、やはり諭吉の影響であろう。明治二年（一八六九）四月に隆義が東京へ赴《おもむ》いたときは、親しく諭吉と語らい、諭吉のあらわした『世界国尽《づくし》』を教科書として購入するなど、そのアドバイスを受けて本格的な洋学校の建設を計画するようになっている。

際立つ先見の明

隆義は、明治三年（一八七〇）十一月に白洲を伴って有馬温泉へ行き、湯治に来ていた諭吉と話し合いをおこなった。隆義は、他藩に先んじて廃藩を断行するつもりでいた。そのさい、藩士たちを集団で八幡屋新田《やはたやしんでん》（大阪の天保山《てんぽうざん》近く）に帰農させ、同地に慶應義塾《けいおうぎじゅく》と提携して洋学校を設置しようという構想をもっており、諭吉に岩倉具視と三条実美《さんじょうさねとみ》への根回しを依頼していたのである。

福沢諭吉（国立国会図書館蔵）

諭吉は隆義の先見性に感服し、全面的にこの計画に協力する予定であった。

隆義は、四民平等の観点から藩士に武士の身分を捨てさせるつもりでいた。すなわち、士族の籍を抜かせて平民とし、創設した洋学校に入学

九鬼隆義と子供たち（浦河町立郷土博物館蔵）

させ、新しい世に対応できる学芸を身につけさせ、独立自尊の精神をもって自活できるようにさせたいと考えていた。その費用を藩庫から拠出する許可を得ようと、明治四年五月、隆義は政府に願書を提出した。

　その月のうちに隆義の申請は許可されたが、その構想が実現することはなかった。それからわずか二ヵ月後、薩長土肥《さっちょうどひ》による廃藩置県の断行で、瞬時に藩が消滅してしまったからである。

　こうして八幡屋新田への土着構想はうまくいかなかったが、他藩のように領内に土着する三田藩士は少なかった。農民一揆によって領民と藩士の関係は悪化していたからだろう。領民に裏切られたかたちとなった隆義も、三田に戻るつもりはなかった。

　隆義と重臣は、諭吉が「必ず将来有望な土地になる」と断言していた開港場を持つ神戸に多くの土地を買い、明治五年、志摩三商会《しまさんしょうかい》と称する会社を立ち上げた。

志摩三商会は、土地の売買、西欧の薬や医療器具の輸入販売、銀行的な業務などを展開、莫大な利益を上げていった。同社は、元町や三宮《さんのみや》の開発、女子寄宿学校（神戸女学院の前身）の設立に関与するなど、神戸の発展に大きな影響を与えることになった。

明治十五年（一八八二）になると、隆義は宮内省に入り、その後、貴族院議員を務めた。

すでに明治初年からキリスト教に関心をもち、明治六年に娘が亡くなったさい、キリスト教式の葬儀をおこなっている。同年、キリスト教が政府に黙認されると、妻子とともに神戸の教会に通い、明治二十年に洗礼を受けてクリスチャンとなった。しかしながら旧臣や三田領内の寺院が強く反発したこともあり、のちに棄教《ききょう》を余儀なくされた。

明治二十四年（一八九一）一月二十四日、九鬼隆義は五十五歳でその生涯を閉じた。

明治の世になって商社を経営し、クリスチャンになった殿様というのも何とも珍しい。

松平乗謨

“日赤の母”と呼ばれた博愛お殿様

天保十年（一八三九）～明治四十三年（一九一〇）

まつだいら のりかた

●国名　信濃国
●居城　龍岡城（田野口陣屋）
●石高　1万6000石
●爵位　伯爵

天保10年（1839）、奥殿藩7代藩主松平乗利の嫡男として誕生。嘉永5年（1852）、父の隠居により家督を相続し、三河から信濃に藩庁を移す。軍制改革を積極的に進め、農民を兵士に登用。西洋式の龍岡城を築城した。幕府の要職を歴任し、老中職を辞したのち、信濃に帰り、大給恒に改名。新政府で活躍する一方、西南戦争での体験から博愛社（現在の日本赤十字社）の設立に尽力。明治43年（1910）、72歳で逝去。

田野口《たのくち》藩

三河や信濃に所領があり、大給、奥殿、田野口と陣屋の移動によって、藩名を変えた。慶応4年（1868）に藩名を龍岡と変えて、廃藩を迎えている。代々の藩主は幕閣にあって江戸定住が多かったようで、陣屋の変遷は大した問題ではなかったかもしれない。

松平乗謨(『大給亀崖公伝』より長野県佐久市教育委員会提供)

異例の栄達を勝ち取った早熟な知性

徳川宗家の始祖とされる松平親氏《まつだいらちかうじ》の孫（子という説も）信光《のぶみつ》から分かれた松平一族はたいへん多く、その主たる親族をまとめて俗に十四松平《じゅうし》と呼ぶ。

大給《おぎゅう》松平氏もその一つである。信光の子親忠《ちかただ》の次男乗元《のりもと》を祖とし、代々、西三河《みかわ》の加茂《かも》郡松平郷大給新田《しんでん》を拠点としてきた。のちに大給家は本家と分家に分かれ、本家は関ヶ原合戦の功で美濃岩村《みのいわむら》に二万石を与えられている。分家の祖松平真次《さねつぐ》は、二代将軍徳川秀忠《ひでただ》の旗本として活躍し、その子乗次《のりつぐ》が将軍綱吉《つなよし》のとき、加増されて一万六千石の大名となった。ただ、その領地は一ヵ所にまとまっておらず、三河、摂津《せっつ》、河内《かわち》、丹波《たんば》などに分散して存在していた。陣屋は奥殿《おくとの》（愛知県岡崎市）に置かれたことから、奥殿藩と呼ばれるようになった。

そんな奥殿藩主八代目が松平乗謨《のりかた》である。

乗謨は生まれ落ちたときから、すぐれた頭脳の持ち主であったらしい。天保《てんぽう》十年（一八三九）に江戸で生まれた乗謨は、四歳のときに『三字経《さんじきよう》』を空で覚えてしまったという。三字経とは、十三世紀前後に中国で成立した初等教科書である。三文字で一句、偶数句末で韻《いん》を踏んでいることから三字経と呼ばれ、儒教の教えや一般常識、歴史などが記されているが、全文は大人であっても簡単に暗唱できるものではない。もしこの逸話が事実であるとすれば、まさに天才だといえる。

父親の乗利《のりとし》が病いがちだったらしく、隠居した父に代わって乗謨は十四歳で家督を継いでいる。

翌嘉永《かえい》六年（一八五三）のペリーの来航に衝撃を覚えた乗謨は、軍事力の強化を真剣に考えるようになり、やがてそれは領内における農民の兵士登用（農兵制）に行き着くことになった。さらに、オランダ語やフランス語を学んだこともあり、自藩の兵制を諸藩に先駆けてフランス式に変更することにもつながっていった。

こうした先見性が評価されたのか、文久《ぶんきゅう》三年（一八六三）、乗謨は幕府から大番頭《おおばんがしら》に任じられた。この職は、幕府の常備兵力である大番を指揮する役目を担い、武官（軍人職）における最高格式といえた。実際、いざ戦争のときには幕府軍の一番先手を率いて戦う最前線の指揮官となる。

しかし、その年のうちに乗謨は、なんと幕府の若年寄《わかどしより》に昇進する。いまでいえば、内閣の副大臣クラスの高官であり、このような高位についた例は、奥殿藩主歴代には存在しない。まさに未曾有《みぞう》の大抜擢といえた。さらに慶応《けいおう》元年（一八六五）には陸軍《りくぐん》奉行《ぶぎょう》に就任している。おそらく、フランス式軍制の採用や農兵制度の設置が評価されたのだろう。

乗謨は、同じく西洋の制度に関心を抱く将軍後見職の一橋慶喜《ひとつばしよしのぶ》に愛され、その後援を受けるかたちで翌年六月には老中格へとのぼった。

もう一つの西洋式城郭

しかし幕府軍は、その月に始まった第二次長州《ちょうしゅう》征討で長州軍に敗れてしまう。ちょうどこの時期、将軍家茂《いえもち》が死去したため、代わって慶喜が徳川家を継承、十二月に、十五代将軍に就任した。乗謨も同月、陸軍総裁を兼任するようになった。陸軍のトップに立った乗謨は慶喜の意向を受け、幕府軍をフランス式へと転換するとともに、フランス公使ロッシュと会見して、その意見を参考に幕政改革を進めていった。

このように幕政にたずさわる一方、乗謨は領内では驚くべき壮大な実験をおこなった。

周知のように、日本で初めての西洋型城郭は、武田斐三郎《たけだあやさぶろう》が設計した箱館《はこだて》の五稜郭《ごりょうかく》であるが、五稜郭が竣工《しゅんこう》した元治《げんじ》元年（一八六四）、もう一つの西洋型城郭の築造が開始された。それが龍岡城《たつおかじょう》（田野口陣屋）である。この城を設計し、建造を指揮したのが、乗謨だった。

前述のとおり、奥殿藩は一万六千の小藩である。この時期の藩領は、三河国奥殿に

(上) 五つの稜堡が星形に突き出た西洋式城郭「龍岡城」。フランスのリール市にあるボーバン城をモデルにしたと伝わり、その形から「桔梗城」とも呼ばれている。防御側の死角を減らす縄張りは、大砲や鉄砲対策であった。また、奥殿藩の格では、城主となる資格を持ち得なかったため、天守を竣工できなかった
(下) 桜の時期には、海の水面を花びらが埋めつくす花筏も美しい
(長野県佐久市教育委員会提供)

四千石、信濃国佐久《しなののくにさく》に一万二千石と、領地が大きく二分されていた。本拠地の陣屋は奥殿に置かれていたので、乗謨はそれを信濃国南佐久郡田野口《たのくち》に移転（田野口藩と改称）するとともに、この地に五つの稜堡《りようほ》（防御施設）を有する西洋型城郭をつくろうと思い立ったのである。

乗謨は、「列強からの侵略を防ぐには海防を強化せねばならず、そのためには、沿岸に西洋型の要塞《ようさい》をつくる必要がある」と信じた。そして、幕閣に自説を受け入れさせ、まずは領内での築城許可を得たのだった。

こうして元治元年から始まった築城工事は、慶応二年に早くも竣工した。小藩ゆえ、龍岡城の規模は箱館の五稜郭よりずっと小さく、その面積は一万八六一二平方メートル、およそ七分の一ほどであった。とはいえ、その形状は見事な星形をなしている。

この城郭の生涯は、箱館の五稜郭と同じく非常に短命で、明治四年（一八七一）の廃藩置県により廃城になってしまった。このおり、建物の多くは解体され、近くの寺院や民家に再利用され、濠《ほり》も埋め立てられ、敷地は小学校になった。

戦後になって復元が進み、濠は掘り返されてよみがえり、現在ははっきりと西洋型城郭であることが見てとれる。また、巨大すぎて売れ残った御台所《みだいどころ》は、そのまま小学校の校舎として転用され、今なお校内に健在である。

維新の苦渋を経て改名

慶応三年（一八六七）十月、将軍慶喜が二条城で大政奉還《たいせいほうかん》を公言し、朝廷にそれを申請したことにより、江戸幕府は二百六十年の歴史に幕を閉じた。江戸にいた幕閣たちは大政奉還の知らせに仰天し、慶喜を翻意《ほんい》させようとした。そんな閣僚の代表が乗謨であり、彼は老中格で海軍総裁の稲葉正巳《いなばまさみ》とともに急ぎ軍艦に乗って大坂に上陸、京都の二条城に入って慶喜と会談した。

このおり乗謨は慶喜に対して、上下の議事院を設置し、上院のトップに将軍がつき、さらに諸藩の軍事力を解体して統一的な陸海軍を創設、これも将軍のもとに置くべきだと説いた。おそらくナポレオン三世の第二帝政の仕組みをロッシュなどから聞いており、それを参考にしていた可能性が高い。

だが、慶喜はその意見を退け、むしろ乗謨に対して江戸の幕閣を説得するよう諭《さと》したのである。そこで仕方なく乗謨も納得し、しぶしぶ江戸へ戻って閣僚たちに慶喜の意向を伝え、その沈静化につとめた。

その間に王政復古《おうせいふっこ》の大号令が出され、新たに誕生した朝廷の新政府は、慶喜に対して辞官納地《じかんのうち》という厳しい処分をくだした。このため、翌慶応四年正月、旧幕府軍が新政府から薩摩《さつま》など武力倒幕をとなえる勢力の排除をかかげ、京都へ入ろうとした。対して、それを防ごうとする薩長軍（新政府軍）との間で鳥羽《とば》・伏見《ふしみ》の戦いが起こった。戦いは旧幕府方の敗北に終わり、慶喜は江戸に逃げ戻って上野寛永寺《かんえいじ》で謹慎してしまう。

同年二月、田野口藩に新政府からの藩主に対する出頭命令が届いた。

そこで乗謨が翌月に京都へ出向いたところ、「鳥羽・伏見の戦いが起こったあとも老中職にあったのは、罪に価する」として、謹慎を申し渡されたのである。五月になると謹慎状態は解除され、明治二年（一八六九）には龍岡藩（田野口藩が明治元年に改称）の知藩事となった。

これより前、乗謨はそれまでの幕府高官時代の思い出を捨て去るように、自分の名前を一新した。大給恒《ゆずる》と称するようになったのだが、本稿では松平乗謨で通したい。

明治四年の廃藩置県によって藩自体が消滅すると、乗謨はその才能を見込まれて新政府の左院に少議官として出仕することになった。明治六年六月には式部《しきぶ》寮御用掛《ごようがかり》となり、賞牌《しょうはい》取調御用掛専務を仰《おお》せつかった。簡単にいえば、勲章制度の調査・創設を命じられたのである。

勲章制度の祖

中村勝実氏によれば、乗謨が幕府の陸軍奉行だったとき、フランスから招いた軍事顧問団の一人であるシャノワーヌ大尉が胸に勲章をつけており、「これに興味をもった乗謨が大尉に資料の提供を求めたところ、わざわざナポレオン三世から『各国勲章図解』が送られてきた」。そこで、「乗謨はひそかにこの研究に当たっていた」ところ、「幕府も本格的に勲章制度をとりあげることになり、乗謨に命じてその案を練らせた。乗謨も当時日本に来ていたフランス士官の胸に輝く勲章を参考にしてこの検討に入った。しかしほどなく大政奉還、この作業も中絶することになった」（『もう一つの五稜郭　信州龍岡城』）という。賞牌取調御用掛という職は、そういった意味でも乗謨にとって、まさにうってつけの仕事であった。

シャノワース大尉

同書で中村氏は、勲章制度に長年た

ずさわった平林吉利が乗謨の寄与について、次のように語ったと紹介している。

「公はもっとも思考力に富まれ、かの旭日章《きょくじつ》をはじめ、あらゆる勲章、記章、功牌《こうはい》一つとして公の手にならざるものはない。よくも案出させられたるものだ。人にひとことの助言も請わず、一点の考案も求めず、各意匠を異にして、光彩陸離たるもの、外国人また緻巧《ちこう》に感服せり」

乗謨自身が勲章のデザインまで考えていたとは驚きである。いずれにせよ、日本の勲章制度は松平乗謨（大給恒）が中心になって完成されていったのである。

明治十年（一八七七）に西郷隆盛が鹿児島で挙兵したことで西南戦争が勃発したとき、緒方洪庵《おがたこうあん》の適塾《てきじゅく》で人命尊重の精神を学んだ佐賀《さが》藩出身の佐野常民《さのつねたみ》は、敵味方関係なく負傷者を救う博愛社《はくあいしゃ》の設立を企画、これに全面的に賛意を示し協力したのが松平乗謨であった。

明治十九年、日本政府がジュネーブ条約（赤十字条約）に加入したので、翌年、博愛社は日本赤十字社に改称し、現在に至るまで多くの人々を救い続けている。

さて、それからの松平乗謨である。明治二十三年に貴族院が設置されると、貴族院議員となって活躍、明治四十三年（一九一〇）一月六日に七十二歳で死去した。

危篤《きとく》となったさい、明治天皇はこれまでの勲功を鑑《かんが》みて、乗謨を正二位《しょうにい》に叙《じょ》し、勲一等旭日桐花《きょくじつとうか》大綬章を賜った。黄泉《よみ》に旅立つ乗謨にとって一番の手土産となったことだろう。

鍋島直大

社交界の花形だった「プリンス・ナベシマ」

弘化三年（一八四六）〜大正十年（一九二一）

なべしま なおひろ

●国名　肥前国
●居城　佐賀城
●石高　35万7000石
●爵位　侯爵

弘化3年（1846）、佐賀藩主・鍋島直正の嫡男として誕生。文久元年（1861）に藩主となる。版籍奉還後、佐賀藩の知藩事となる。明治4年（1871）からイギリスに留学し、オックスフォード大学で学ぶ。帰国後は新政府の外務省御用掛やイタリア公使を務め、その後も要職につく。避暑地の整備など海外の風習を取り入れる一方、雅楽の普及など伝統文化も重んじた。大正10年（1921）、76歳で逝去。

佐賀《さが》藩

戦国大名の龍造寺氏が敗死したことから、当主の後見だった鍋島直茂が実権を握った。関ヶ原の戦いで西軍から東軍に転じ、本領を安堵され、以来、鍋島氏による支配が幕末まで12代にわたり続いた。小城、蓮池、鹿島など支藩もある西国の大藩である。

鍋島直大（青梅きもの博物館蔵）

開明的な父、直正

「薩長土肥《さっちょうどひ》」という語は、明治維新の功労藩である薩摩《さつま》・長州《ちょうしゅう》・土佐《とさ》・佐賀《さが》（肥前《ひぜん》）の四藩をさし、よく知られているように、戊辰《ぼしん》戦争後は新政府の官職を独占した。

ただ、肥前佐賀藩にかぎっていうならば、新政府が成立して鳥羽《とば》・伏見《ふしみ》の戦いで旧幕府軍が敗退してのち、ようやく新政府への加担を表明したのである。それまでは他藩同様、どっちつかずの態度を保っていたのだ。そんな風見鶏《かざみどり》的な行動にもかかわらず、新政府の中枢に参画できたのは、ひとえに戊辰戦争における目覚ましい働きによる。

肥前佐賀軍の強さは他藩に抽《ぬき》んでており、とくに同藩の所有するアームストロング砲は、戦場で絶大な威力を発揮した。上野戦争において、たった一日で彰義隊《しょうぎたい》を壊滅させたのは、この大砲のおかげだったとさえいわれる。使用されたアームストロング砲は、イギリスからの輸入品だけではなかったようだ。十代藩主鍋島直正《なべしまなおまさ》（号・閑叟《かんそう》）は、反射炉でオランダから輸入した銑鉄《せんてつ》を融解してアームストロング砲の模造に成功している。つまり、その大砲が使用された可能性があるのだ。その威力や精度は不明ながら、佐賀藩が独自の研究のすえ、自藩で鋳造《ちゅうぞう》に成功したのは画期的なことだろう。

そんな直正の嫡男《ちゃくなん》として弘化《こうか》三年（一八四六）に誕生したのが、佐賀藩最後の藩主直大《なおひろ》であった。直大は、四歳のとき天然痘《てんねんとう》の予防接種を受けている。種痘《しゅとう》というものがまったく我が国に普及していなかった時期のことだ。当時、多くの人々が天然痘に罹患《りかん》して命を落としていた。開明的な直正は、オランダから牛痘を取り寄せ、直大に接種させることで、藩内に抵抗感をなくし天然痘を予防しようと考えたのである。事実、藩内では急速に予防接種が広まったという。

万延《まんえん》元年（一八六〇）、直大は十五歳のときに元服し、初めて江戸にのぼった。そして文久《ぶんきゅう》元年（一八六一）十一月、十六歳で家督を相続した。とはいうものの、藩の実権は実父の直正が握っていた。

鳥羽・伏見の戦いが起こったとき、直大は朝廷から京都警護の命を受けて上京し、初めて参内《さんだい》して明治天皇に拝謁《はいえつ》し、議定《ぎじょう》兼外国事務局権輔《ごんのすけ》に任じられた。まもなく天皇は大坂へ行幸《ぎょうこう》するが、このおり天保山《てんぽうざん》沖において列藩の連合艦隊を天覧することになり、佐賀藩の電流丸《でんりゅうまる》がその旗艦に選ばれた。このため直大は黒羅紗《くろらしゃ》の洋服に靴とヘルメット型の黒塗り帽子を被《かぶ》って電流丸に乗り、二十一発の祝砲を発した。

「御《み》いくさにともなふ船の数々に　つかさとなるぞ誉《ほまれ》なりける」

このときの気持ちを直大は和歌に詠《よ》み込んでいる。

彰義隊を粉砕したアームストロング砲

慶応《けいおう》四年（一八六八）四月に江戸城が無血開城すると、直大は新政府の横浜裁判所副総督に任命された。総督は東久世通禧《ひがしくぜみちとみ》という公卿《くぎょう》だったから、直大は実質的な長官であった。

ちなみに、裁判所という名称については語弊がある。現在の裁判所とはまったく異なり、横浜裁判所は開港場横浜における外国との交渉や事務が主な職務であった。

五月になると、直大は横浜からアームストロング砲二門を東京に移した。そして、上野戦争のさい、上野清水堂《きよみずどう》あたりの彰義隊駐屯地へ砲弾を激しく撃ち込み、彰義隊の壊滅に大いに貢献したのだった。

翌明治二年、版籍奉還《はんせきほうかん》がおこなわれると、直大はそのまま佐賀県の知藩事《ちはんじ》となり、久しぶりに佐賀へ戻った。ただこの頃からイギリスに留学したいと考えるようになり、十月、伏見宮嘉彰《よしあきら》親王にその旨《むね》を伝え、正式に新政府から許可を受けた。ところが、翌年に実父直正の体調が思わしくなくなり、暮れになると、いよいよ容体が重篤《じゅうとく》になったため、直大は留学を断念せざるを得なくなった。

明治四年（一八七一）正月十八日、直正が死去した。葬儀は神式によって執行された。「その遺骨はぜひとも国元佐賀の地に埋葬すべきだ」という多数の声があったが、直大は「王城鎮護の霊になるべきだ」とする重臣江藤新平《えとうしんぺい》の意見を容《い》れ、東京麻布《あざぶ》に墓地を定めた。この年、廃藩置県が断行され、佐賀藩は地上から消滅した。

ついに果たした海外留学

明治四年、直大は岩倉使節団に同行してアメリカに渡り、ワシントンで岩倉一行と別れてニューヨークへ向かい、そこから汽船でイギリスに上陸した。ロンドンに着くと、ブルースと称する医師宅に寄宿し、メイという女性から英語を教わり、やがてオックスフォードへ赴《おもむ》き、ブロートン博士から英文学を学ぶことになった。留学中はフランス、スイス、ドイツ、イタリアなどをめぐり、ドイツではかのシーボルトと対面している。

明治七年、ロンドンにいた直大のもとに驚くべき知らせが届いた。征韓論に敗れて

江藤新平（国立国会図書館蔵）

下野《げや》した江藤新平が首領となり、佐賀で大規模な反乱が起こっているというのだ。仰天した直大は、ただちに帰国した。

途中、ニューヨークに入港するさいに乗っていた汽船が衝突するというアクシデントもあったが、七月下旬に無事に横浜港に到着、そのまま東京へ向かった。すでに佐賀の乱は鎮圧されていたが、直大は人心を安定させるため、鎮圧直後の佐賀へと赴いた。かつて居住していた佐賀城は、本丸をはじめ主だった建物が焼失していた。これを見て改めて反乱の大きさを感じたことだろう。直大は旧臣たちを集めると、今後も軽挙せぬよう強く諫《いさ》め、十日あまり滞在したうえで長崎へ向かった。そして、そのままイギリスへ戻ったのである。

今回は、夫人の胤子《たねこ》も伴っていた。船は長崎を出航して上海に到着。そこで直大はフランス船「チーグル号」に乗り換えて香港経由でインド洋に出たが、すさまじい暴風雨に遭遇してしまう。船は揺れに揺れて膝《ひざ》まで浸水し、とても立っていられず、乗客はみな横臥《おうが》しなくてはならないほどだった。ようやく揺れがおさまったとき、緊張の糸が解けたのだろう、乗客は一様に船酔いを覚えたという。

このとき直大は歌を詠んでいる。

「大波にうちしつめられまた浮ふ　今や我身の終りなるらん」「いつ船も波にくたけて沈むかと　ひと夜一夜に心ゆるさし」

まさに生きた心地がしなかったようだ。

スエズ運河を抜けてしばらくしたとき、アフリカ大陸に見事な蜃気楼《しんきろう》が出現し、直大を感嘆させた。

ロンドンでは一軒家を借り、胤子のためにイギリス人女性を雇って英国風の家庭生活を学ばせた。また、毎週一回、胤子とともにダンスの稽古に励んだ。翌年、胤子は直英を産んだが、残念ながらこの子はわずか二ヵ月で夭折《ようせつ》してしまった。胤子が懐妊中に風邪をこじらせてのち肋膜炎《ろくまくえん》を患《わずら》ったため、赤子も衰弱した状態で生まれたらしく、それが死因だったのかもしれない。

社交を生業とする「プリンス・ナベシマ」

明治十年（一八七七）、直大はロシアへの長旅に出た。ロシアでは日本公使の榎本武揚《えのもとたけあき》が出迎え、氷河を橇《そり》で滑ったり、クロンスタット要塞《ようさい》を視察したりした。日露和親条約を結んだプチャーチンの子供にも面会している。

翌年にはフランスやイタリアで名所を見て回り、ピサの斜塔の傾斜に大いに驚いている。晩餐会や舞踏会には夫人とともにたびたび参加し、みずからもそれを主催した。こうした社交界での直大の活躍をパリ新聞は「プリンス・ナベシマ」と讃《たた》えたのだった。

明治十一年六月、七年近くの留学を終え、鍋島直大は帰国の途に着いた。帰朝すると直大は外務省出仕を命じられ、主に外国の賓客に対する応接を担当することになった。まさに彼にピッタリな役職だといえよう。

明治十二年暮れから胤子夫人の体調が思わしくなくなり、翌年正月には神戸で療養しなくてはならない状態になってしまった。

ところが、直大はイタリア公使に任命され、現地へ赴任することになった。胤子は東京に戻ってドイツのベルツ博士の治療を受けており、直大は今回も胤子をぜひとも同行させたいと願っていたが、明治十三年三月、治療の甲斐《かい》なく胤子は亡くなってしまった。遺体は青山墓地に葬られたが、このとき喪主《もしゅ》を務めたのは、直大の嫡男でわずか九歳の直映《なおみつ》だった。幼少の直映が玉串を捧げるとき、多くの人々の涙を誘ったという。

　同年七月、直大は単身、横浜からイタリアへ向かった。大使として夫人がいないのはまずいということになり、急きょ、権大納言だった廣橋胤保《ひろはしたねやす》の娘栄子《ながこ》と婚約してから旅立った。

　明治十四年四月、栄子がローマにやってきた。この地で二人は結婚式を挙げた。式は日本から持ってきた品々を用いての純和式で挙行されたのだった。料理も「刺身、煮染《にし》め」など和食が用意されたが、現地で食材を揃えるのは相当たいへんだったようだ。

　翌十五年二月、栄子は女児を出産した。イタリア《伊太利亜》の都であるローマで生まれたので、「伊都子《いつこ》」と命名された。

鍋島栄子（青梅きもの博物館蔵）

同年三月、直大は帰国の命を受けたため、日本公使館において大勢の人々を招いて別れの大夜会を開いた。イタリアでは、室内の装飾はたいてい造花を用い、これに香水を振りかけるのが一般的だった。ところが、直大はバラの生花で階段の欄干《らんかん》をはじめ部屋中を飾り立てたので、室内には芳香が満ち、バラ園のような風景に人々は感嘆した。さらに、列席者には見事な日本の伝統工芸品を人々にプレゼントしたという。夜会は大盛況で、翌朝六時まで続いた。

この出来事は評判となって、ローマの各新聞もとり上げるほどだった。なかなか見事な外交戦略だといえよう。

同年七月に帰国した直大は、元老院議官兼式部頭《しきぶのかみ》に任じられ、宮中に入った。やがて宮中顧問官として明治天皇の側にあって、多くの宮中行事に同席することになる。

独自の洗練された教養

この年の夏、直大は日光や伊香保《いかほ》へ赴いた。避暑のためである。当時は、まだ避暑や避寒という考え方は日本には存在せず、その行動は人々から奇異な目で見られ、あるいは冷視されたと伝えられる。

だからといって、直大が外国のものをすべて崇拝《すうはい》し、その風習を全面的に賛美したかといえばそうではない。

たとえば、ヨーロッパでは宮廷音楽を大事にしていることを知ると、直大は日本古来の雅楽《ががく》を振興普及させるべきだと考え、三条実美《さんじょうさねとみ》らに相談して絲竹《しちく》会の創設に尽力、自身も琵琶《びわ》を弾ずるなど、和楽の普及につとめた。直大によって蒐集《しゅうしゅう》された雅楽の楽器は、鍋島氏十二代直映が創設した徴古館《ちょうこかん》（佐賀県初の博物館）に収蔵されている。

長年のヨーロッパ生活で、その風習や礼儀作法に長じていたため、直大夫妻は欧米の賓客の接待にはなくてはならぬ存在になった。鹿鳴館《ろくめいかん》をはじめとする外国人を交えた舞踏会では、いつもその花形となった。多くの西欧人は、直大夫妻の丁寧な接客に満足し、そのダンスの見事さに感嘆したと伝えられる。

明治二十三年（一八九〇）、直大は久しぶりに佐賀の地を踏んだ。旧主の来訪ということで、旧領民多数が路傍に伏して迎え、花火なども打ち上げられたと伝えられる。

翌二十四年、直大は直映をイギリスに留学させた。自分と同じように英国の紳士教育を受けさせようとしたのである。

翌二十五年、永田町に鍋島邸が完成した。なんと建築期間が十年に及ぶものであった。建物は西洋館と日本館があり、それぞれ三百坪の巨大さだった。西洋館は当時としては珍しい三階建てで、舞踏室も備わっていた。同年七月九日の落成式には明治天皇が行幸した。まさに栄誉であった。接待に秀でた直大は、相撲や柔術、剣術を披露したあと、夕食を天皇とともにし、食後、舞踏室で柳川一蝶斎《やながわいっちょうさい》の手品を天覧に入れた。

これは天皇を大いに喜ばせたようで、翌日、行幸の礼に直大が御所を訪《おとな》うと、天皇は「明日、ぜひ皇后にも手品を見せてやって欲しい」と言ったそうである。

波乱万丈な人生を送る子孫たち

ローマで生まれた伊都子は、十五歳になった明治二十九年（一八九六）、皇族の梨《なし》本宮守正王《もとのみやもりまさ》との婚約が成立した。伊都子は少女時代から八十年近く日記をつけており、この婚約が決まったとき、その宮様の顔も知らず、どうしたらよいかと涙が流れたとのちに回想している。ただ、梨本宮はたいへん伊都子に優しく、夫婦は仲むつまじく暮らした。

二人の間には方子《まさこ》と規子《のりこ》の二王女が生まれ、のちに方子は元朝鮮国王の皇太子李垠《りぎん》と結婚している。夫妻の間に生まれた晋《しん》は一歳にならずに夭折した。毒殺の噂もあった。

方子は、日本と朝鮮の架け橋になろうと努力したが、戦後、李垠と方子は朝鮮へ戻ることを許されなかった。ようやく昭和三十八年（一九六三）に帰国できたが、夫の死後も方子は韓国人として永住を決意し、障害児施設や障害児学校をつくるなど、社会福祉事業に力を注いだ。このため韓国の人々から受け入れられ、韓国政府より「牡《ぼ》丹《たん》勲章」を授与され、平成元年（一九八九）に八十九歳で死去している。その葬儀は準国葬であった。

明治四十年（一九〇七）、直映に大望の男児が生まれた。直大にとっては初孫で、直《なお》泰《やす》と名付けられた。孫の誕生に直大は大いに喜んだと伝えられる。

直泰はのちに日本アマチュア選手権でたびたび優勝するほどのゴルフの腕前となり、さらに自動車の愛好家としても知られ、長年にわたって改造を施したイスパノ・スイザはトヨタ博物館に寄託されている。

大正十年（一九二一）になると、直大の体調は思わしくなくなった。体重も減少の一途をたどり、三月には自宅で喀血《かっけつ》、食欲がなくなり黄疸《おうだん》も現れ始め、六月には昏睡《こんすい》状態に陥《おちい》った。

やがて意識が回復した直大は、周囲の人々に「雅楽を聞きたい」と漏らしたのである。

宮内省はその望みに答え、急きょ、雅楽の演奏会を催した。直大は指で布団の上を軽く叩いて調子をとるなど至極《しごく》ご機嫌であったが、それから四日後の六月十九日、にわかに急逝した。享年七十六であった。

第三章

郷里とともに

細川護久

政争渦巻く藩内を改革した進歩系君主

天保十年（一八三九）～明治二十六年（一八九三）

ほそかわ もりひさ

●国名　肥後国
●居城　熊本城
●石高　54万石
●爵位　侯爵

天保10年(1839)、熊本藩主・細川斉護の三男として誕生。11代藩主となった兄、慶順の名代として、文久3年(1863)に上洛。公武合体を進め、朝廷との交渉も行った。明治3年(1870)5月、兄の隠居により、知藩事となる。弟の護美を大参事に登用し、領民への免税など藩政改革を進め、古城医学校や熊本洋学校を創設するなど教育振興にも力を入れた。廃藩置県で白川県(現在の熊本県)知事に。明治26年(1893)、55歳で逝去。

熊本藩《くまもと》

佐々成政から加藤清正とメジャーな戦国大名が領有。加藤家が2代で御家断絶となり、豊前小倉から細川氏が移され、12代の藩主を数えた。全国でも有数の大藩ながら、放漫財政もあって次第に傾き、維新時には藩内抗争もあり、目立った役割を果たせなかった。

細川護久肖像画（永青文庫蔵）

命運を分けた判断

熊本《くまもと》（肥後《ひご》）出身の徳冨蘆花《とくとみろか》は、「肥後の維新は、明治三年に来ました」（『竹崎順子』）と不思議な一文を記している。

だが、確かに、それは間違いではないのだ。これについては追々話していくとして、熊本の地に維新をもたらしたのは、同年、歴代藩主細川《ほそかわ》氏の家督を継ぎ、熊本知藩事《ちはんじ》となった細川護久《もりひさ》であった。

護久は、熊本藩細川家十代藩主斉護《なりもり》の三男として天保《てんぽう》十年（一八三九）三月一日に生まれた。万延《まんえん》元年（一八六〇）、十一代藩主となった兄韶邦《よしくに》に跡継ぎが生まれなかったため、慶応《けいおう》二年（一八六六）には世嗣《せいし》となっている。

当時、熊本藩は、大きく三つの派閥に分かれていた。学校党《がっこうとう》、勤王党《きんのうとう》、実学党《じつがくとう》である。藩校「時習館《じしゅうかん》」を母体とする保守的な一派が学校党。尊王攘夷《そんのうじょうい》を主張する勢力が勤王党、そして、横井小楠《よこいしょうなん》を中心とする実学を重んじ、開明政策を主張するのが実学党だ。

幕末、藩主の韶邦を奉じて藩政を牛耳っていたのは、学校党であった。だが、慶応三年十月、将軍徳川慶喜《とくがわよしのぶ》が朝廷に政権を返上し、二百六十年以上続いた江戸幕府が形式的に消滅した。このため、幕末の政局を日和見《ひより み》してきた熊本藩も、そろそろ態度を鮮明にしなくてはならなくなった。

韶邦の妹勇姫《いさひめ》が親藩の福井《ふくい》藩主松平春嶽《まつだいらしゅんがく》に嫁いだ関係もあり、熊本藩は親徳川という方針をとった。そして同年十二月、倒幕派のクーデターで王政復古《おうせいふっこ》の大号令が出され、朝廷に新政府が樹立されたあとは、福井藩や土佐藩などの公議政体派に同調した。

十二月半ば、護久も新政府から呼び出しを受け、熊本から京都へ向かうが、その途中の大坂で、前将軍慶喜から「自分のいる大坂城へ来るように」との命を受ける。しかし、護久は「朝廷からの呼び出しを受けている」という理由で、大坂入城を拒んだのである。十二月二十八日のことであった。

その数日後には鳥羽《とば》・伏見《ふしみ》の戦いが勃発しているから、世嗣といえども、このときもし護久が大坂城に入っていたなら、熊本藩は幕府方と見なされ、それこそ厳しい立場に立たされていたことだろう。まさに的確な判断をしたわけだ。

改革の志を胸に当主の座につく

戦火をくぐって京都へ入った護久だったが、それからも熊本藩の首脳部は積極的に新政府につこうという姿勢を見せず、逆に東北に兵を出すのを躊躇《ちゅうちょ》したり、新政府に徳川方との和睦《わぼく》を献策したりしている。

こうした戊辰《ぼしん》戦争での煮え切らない態度は、新政府首脳部の疑いを誘うことになった。「政府高官の襲撃が相次いでいるが、裏で熊本藩が糸を引いているのではないか」とか、「反抗的だから領地を四分の一減らしてしまえ」とか、「反政府的な熊本藩を征伐すべきだ」といった意見が出るほどだった。

この状況に心を痛めたのが、護久である。護久は新政府の議定《ぎじょう》に登用されており、政府に重きを成す佐賀《さが》藩主鍋島直正《なべしまなおまさ》の娘宏子《ひろこ》と明治元年（一八六八）十一月に結婚していた。

このように権力の中枢にいた護久であればこそ、熊本藩の頑迷《がんめい》さと、その先に待っている藩の将来に危機を感じ、軌道修正のため立ち上がる決意をしたのだ。

明治二年七月、熊本にいた護久は、四歳年下の弟で政府の参与《さんよ》になっていた長岡護《ながおかもり》美《よし》に次のような手紙を送って協力を求めた。

「根本的な藩政改革が必要だ。ぜひ東京にいる藩主韶邦公を連れて熊本に戻ってきてもらいたい。この機会を逃してしまうと、永遠に改革はできないと心配している。諸藩が驚くような大改革を断行しなければならない」

おそらく護久は、この頃、実学党と密かに接触していたと思われる。開明的な彼らを登用して学校党を排斥し、大規模な藩政刷新を考えていたようだ。

冒頭の徳富蘆花の父一敬《かずたか》は、庄屋を務める豪農で、農民ながら横井小楠第一の高弟といわれた。そんな一敬はこの頃、同志で義兄弟の竹崎律次郎《たけざきりつじろう》とともに毎日部屋に籠《こ》もって藩政改革案を練り始めていた。おそらく、護久の依頼であったと考えられる。

翌年になると、護久は弟の長岡護美とともに兄の韶邦に強く引退を迫った。まだ三十代半ばであった韶邦も、その求めに折れ、明治三年三月二十六日、家中に隠居の内意を通達した。

この二日後、長岡護美は明治政府の大久保利通《おおくぼとしみち》に宛てて、次のような書簡を送っている。

「これまで知藩事《ちはんじ》の韶邦をはじめ、私たちは藩政の一新に取り組んできましたが、なかなか旧来の陋習《ろうしゅう》を打ち破ることができませんでした。しかしこのたび、兄の護久が上京して朝廷の意向を奉じ、大義によって熊本藩を一新させる覚悟です。もし改革に反対するような輩《やから》がいれば、容赦なく一刀両断にするつもりです。必ず目的を達成するので、ご安心ください」

これによって熊本藩の藩政改革は、新政府の承認のもとに開始されたことがわかる。

あるいは、熊本藩の動向を危険視する大久保利通ら政府高官の強い意向で、護久と護美は動かざるを得なかったのかもしれない。

細川韶邦は五月三日に知藩事を辞職し、代わって家督を継いだ細川護久が八日、正式に知藩事となった。

熊本城破却？　驚きの改革案

護久が最初に断行したのは、人事の刷新であった。それはすさまじいものだった。徳冨蘆花は、「郡代十六人、目附《めつけ》二人、及び附属の役人二百五十人が一挙に廃せられ」（『前掲書』）た、と述べている。これにより、藩政を牛耳っていた学校党の勢力は壊滅した。

代わって、弟の護美を大参事に抜擢《ばってき》、さらに元家老の米田虎雄《こめだとらお》と酒田県権知事《ごんのちじ》をしていた元京都留守居役の津田信弘《つだのぶひろ》を権大参事に任じた。二人とも実学党の中心人物だった。その他、重職には、元田永孚《もとだながざね》（のちに教育勅語を起草）、安場保和《やすばやすかず》（のちに岩倉使節団に参加）、大田黒惟信《おおたぐろこれのぶ》（箱館《はこだて》戦争で活躍）といった実学党の熊本藩士たちがついた。また、実学党の豪農からも重役が抜擢された。藩政改革案を立案した徳富一敬と竹崎律次郎である。

明治三年（一八七〇）六月十一日、知藩事細川護久は、役人や藩士たちを一同に熊本城内に集め、改革宣言をおこなった。改革は徳富と竹崎が練った案をもとに進められていった。

以下が改革宣言の現代語訳だ。

「昔の君主は人々から意見を聞いて政治をおこない、みずから訴訟も担当してきた。それがやがて尊大になり、世の中や人情にも疎《うと》くなったので、国家がうまく統治できなくなった。だから君主たるものは毎日政堂に出座し、みずから人々の意見を聞いて政治をとるべきである。軽輩だけでなく、農民や商人の話も直《じか》に聞く必要がある。なお、熊本城については、天守閣など建物はすべて取り壊し、周囲の塀と門だけを残せばよい。本年貢以外の雑税は、すべて免除すべきである。藩主の鷹狩場も廃止する。熊本藩庁には上院と下院の議会を設け、上院は知事や執政、役人で構成する。下院については士農工商の区別なく、四年を任期として

長岡護美（国立国会図書館蔵『立身致富信用公録　第13編』より）

各町より選挙によって有能な人物を選ぶ。そして上院とともにさまざまな課題を議論させる。また、下院議員のうち有能な者は、上院議員に登用したり、役人に抜擢する。藩の役人についても、すべて入札公選制をとる。農村の庄屋（名主）も選挙で選ぶことにする」

読んでわかるとおり、驚くべき大胆で革新的な案だ。

実際、封建制の象徴であった熊本城は取り壊されることになり、破壊する前に熊本の庶民に明治三年閏《うるう》十月から開放されている。これまでは一般人の自由な立ち入りは許されていなかったから、物見遊山《ものみゆさん》で領内から多くの人々が殺到したという。

ただ、このとき、熊本城が壊されてしまっていたら、その後、私たちはあの偉容を拝めなかったわけだが、幸い計画は実行されなかった。理由は諸説あってよくわからないが、長岡が「あえて取り壊すには及ぶまい」と言ったことで残ったというのが徳冨蘆花の説だ。

残念ながら天守は明治十年の西南戦争で焼けてしまい、現在の天守は昭和三十五年（一九六〇）の再建だが、宇土櫓《うどやぐら》や監物櫓《けんもつ》など十数棟は現存している。先の熊本地震によって、そうした貴重な建物が石垣とともに大きな被害を受けてしまったのが痛ましい。

税制改革とその顚末

二院制議会や役人の公選制についても、あまりに革新的すぎたのか、実施されなかった。ただし、領民に対する雑税の廃止は実行された。

明治三年（一八七〇）七月、護久はみずから書いた文章を木版刷りにして領内に配布した。そこには次のような事柄が記されていた。

「このたび、私が知藩事の重職につくことになった。朝廷の御趣意を奉じて、領内の四民（士農工商）が憂《うれ》いなく生活できるようにしたいと願っている。なかでも農民は、暑い日も寒い日も、雨でも風でも骨を折って働き、年貢を納め、夫役《ぶやく》を務めている。そのため老人、子供、病人さえ安楽な生活を送れないでいる。これは、ひとえに重税のためであると、私は深く恥じている。その苦しみを解いてやりたいと考え、雑税を一切免除することにした。今後はさらに農業に力を入れ、老人や子供の養育をしてほしい」

こうして廃止された雑税だが、これは全体の税のうち三分の一（九万石）に該当した。熊本藩の領民は、この措置に狂喜した。

しかし、この減税が大きな波紋をもたらすことになった。

これを知った九州他藩の農民たちが、「うちの藩や地域でも熊本藩のように雑税を免除してほしい」と主張し始めたのだ。とくに新政府の直轄地だった日田《ひた》県では、それが大規模な一揆《いっき》にまで発展した。

これにより、ふたたび熊本県に政府の疑いの目が向くようになった。護久はこうした混乱に責任を感じ、明治四年三月に知藩事の辞職を政府に申し入れたが、その願いは却下された。それでもふたたび五月に護久は辞職願いを出しているから、藩政をとるのに嫌気が差していたのだろう。同じく長岡護美も辞表を提出している。

それから二ヵ月後の七月、新政府は突如、廃藩置県を断行する。これにより二百七十以上存在した藩が一日にして消滅したのである。まさに青天《せいてん》の霹靂《へきれき》といえた。知藩事は東京居住が命じられ、中央からは県を統治する役人・県令《けんれい》が遣わされることになった。このため知藩事を免ぜられた護久も東京へのぼった。

こうして旧熊本藩は熊本県（一時白川《しらかわ》県）となるが、なぜかすぐに県令が遣わされることはなかった。だから政務もそのまま実学党が担うことになった。

教育にかける情熱

土佐出身の安岡良亮《やすおかりょうすけ》が県令として初めて熊本の地に赴《おもむ》いたのは、明治六年（一八七三）のことであった。これにより実学党の人々は野にくだることになった。なお、長岡護美は前年からアメリカへ留学しており、明治十二年まで日本に戻らなかった。

一方、最後の藩主細川護久は東京に居住していた。

知藩事在任中、護久は藩校時習館をはじめ、郷校《ごうこう》や医学校の再春館《さいしゅんかん》などを一斉に廃止し、大規模な教育改革を推進していた。その流れを受けて明治四年、熊本藩立熊本洋学校が創設され、廃藩置県後もアメリカのリロイ・ジェーンズ（退役軍人）の指導のもと、学校はますます発展していった。

だが、明治五年に文部省は学制を発布し、この規則にもとづいて学校を運営することを命じ、諸藩の洋学校や医学校の廃止を命じた。私学として存続させることは可能だったが、国費や県費には頼れない。ここにおいて、熊本洋学校も廃校の危機に陥《おちい》った。そんな窮地に救いの手を差し伸べたのが、護久であった。

明治七年、護久は白川県（熊本県）に対して次のような願書を提出した。

「文部省の規則どおり、熊本洋学校が廃止されたら、現在学んでいる百余名の生徒は、学業をやめなくてはならない。それでは、これまでの教師や生徒たちの努力は水の泡である。実に残念なことだ。私はこの学校の発起人であり、自分の義務として家禄のなかから相応の資金を提供したい。だからそのまま教師を継続雇用し、民費学校として本校を再興し、生徒の学業を継続させてもらいたい」

そう述べて、六千円という大金を拠出したのである。

明治十年、西南戦争が勃発する。周知のように西郷軍は熊本城を目指して進撃してきた。熊本鎮台《ちんだい》（熊本城に置かれた政府の軍事拠点）の谷干城《たにたてき》は、敵との戦いに備え、城下の建物の多くを焼き払った。城下の家屋が敵の拠点になるのを防ぎ、焼け野原にすれば城から敵が見えやすくなると考えたためだ。

このおり、熊本の細川邸（北岡別邸）に護久の側室縫《ぬい》とその娘である嘉寿《かず》、宣《せん》、志《し》津《づ》が滞在していたが、急きょ、邸宅から立ち退き、阿蘇郡へ避難することになった。ところが阿蘇一揆が起こり、薩摩兵も出没するようになり、一行は難を避けて各地を転々するはめになってしまった。

一方で、この乱に同調する旧熊本藩士が出てきた。

じつは熊本県ではその前年（明治九年）、不平士族の乱が発生していた。太田黒伴雄《おおたぐろともお》を首領とする勤王党（敬神党《けいしんとう》）の不平士族たちが熊本城などを襲撃し、県令の安岡良亮や熊本鎮台司令官の種田政明《たねだまさあき》を殺害したのだ。この神風連《しんぷうれん》の乱は鎮圧されたが、百数十名もの旧熊本藩士がかかわっていた。

このたびも西郷軍に同調する動きがあらわれた。こうした事態に驚いた細川護久は、明治十年二月十三日付で県下の旧藩士に対し、次のような声明を出した。

熊本洋学校教師ジェーンズ邸（熊本県熊本市）
2016年に発生した熊本地震により倒壊。現在移築工事中

「お前たちはもう私の家臣ではないが、昔のよしみをもって言う。朝廷のご趣意に従ってほしい。昨年の神風連の乱では多くの旧藩士が賊名をこうむった。これは許されることではなく、私は憂慮に絶えず悩み続けてきた。このたび西南戦争の勃発で、明治天皇は大いに心を悩ませておられる。なのにまた熊本で、不穏な動きがあるという。どうか大義名分のあるところを斟酌《しんしゃく》し、決して軽挙妄《もう》動《どう》せぬよう、よく話し合ってほしい。頼む」

　けれども、護久の願いむなしく、熊本県では熊本隊《くまもとたい》、協同隊《きょうどうたい》、滝口隊《たきぐちたい》合わせて千五百名が蜂起、この三隊に多数の旧藩士が含まれていたのである。

妻子の消息と旧藩士の動向に心を痛めた護久は、その翌日の二月十四日に横浜を発《た》ち海路、神戸に上陸。京都で天皇に拝謁《はいえつ》したあと、二十四日に長崎へ入った。

しかし、戦争のために長崎から熊本へ向かうことができず、いったん下関に行き、さらに小倉《こくら》へ渡って陸路で熊本へ向かった。

三月初旬に領内に入った護久は、九日から戦場を避けつつ、人心鎮撫《ちんぶ》のために各地を回ったのである。そして四月二十日に北岡別邸に入り、二十七日に戻ってきた妻子との再会を喜んだ。

なお、護久が存続に尽力してきた熊本洋学校は前年に閉鎖されていた。ジェーンズの感化により生徒のなかから多数のキリスト教徒が出たため、閉校に追い込まれたのである。だが、ジェーンズ邸をはじめ学校の建物は残っていた。

西南戦争では多数の死傷者が出たが、これに心を痛めた大給恒《おぎゅうゆずる》（田野口藩最後の藩主・松平乗謨）と佐野常民《さのつねたみ》が敵味方関係なく負傷者を救護する博愛社《はくあいしゃ》を設立、その拠点が熊本洋学校のジェーンズ邸とされたのだ。博愛社はまもなく日本赤十字社となった。

護久はその後、戦禍《せんか》を被った旧領民に対しての扶助《ふじょ》に尽力した。華族令が制定されると護久は侯爵《こうしゃく》に叙《じょ》され、明治二十六年（一八九三）九月一日に五十五歳で死去した。

なお、護久の曾孫にあたるのが総理大臣を務めた細川護熙《もりひろ》である。

加納久宜
一万石の殿様から町長になった男

嘉永元年（一八四八）～大正八年（一九一九）

かのう ひさよし

●国名　上総国
●居城　一宮陣屋
●石高　1万3000石
●爵位　子爵

嘉永元年（1848）、筑後国三池藩7代目藩主の弟、立花種道の次男として誕生。慶応3年（1867）、急死した上総一宮藩藩主、加納久恒の養子となり、第4代藩主に。廃藩後は文部省の役人となり教育改革を進める。その後、熊谷裁判所長を経て鹿児島県知事に就任。知事引退後は入新井村（現在の東京都大田区の一部）で教育振興を奨めつつ、入新井信用組合（現在の城南信用金庫のルーツ）を創設。晩年、旧領地一宮町の町民に請われ町長となる。町長退任の2年後、大正8年（1919）、72歳で逝去。

一宮藩《いちのみや》

藩祖加納久通は紀州徳川家に仕え、8代将軍に就任した吉宗の側近となり、伊勢で加増されて大名に取り立てられた。江戸後期、幕府の海防策もあって飛び地のある一宮に陣屋を移した。若年寄など幕閣の要職を担った藩主を輩出している。

加納久宜（鹿児島県歴史・美術センター黎明館蔵）

若き藩主が迎えた明治維新

加納久宜《かのうひさよし》の実父立花種道《たちばなたねみち》は、筑後三池《ちくごみいけ》藩主（六代）立花種周《たねちか》の五男として生まれたが、久宜が八歳のとき、安政《あんせい》の大地震で妻とともに屋敷の下敷きとなって死去した。一瞬にして両親を失った久宜は、実兄立花種恭《たねゆき》のもとに身を寄せた。当時、種恭は死去した従兄《いとこ》の種温《たねはる》の家督を継ぎ、陸奥下手渡《むつしもてど》藩主となっていた。

幼い久宜は、そんな種恭の養母延子《のぶこ》と種恭に養育されてのびのびと育ち、二十歳の慶応《けいおう》三年（一八六七）八月、急きょ、上総一宮《かずさいちのみや》四代藩主についた。同藩藩主の加納久恒《ひさつね》が急死し、その家を継承したためである。満年齢でいえば十九歳、現代なら大学生になったばかりだ。

加納氏は代々紀州藩士の家柄だったが、藩主徳川吉宗《とくがわよしむね》が八代将軍になるにあたり、主君に供奉《ぐぶ》して江戸に入り、のち一万三千石を与えられて譜代《ふだい》大名となった。文政《ぶんせい》九年（一八二六）、久儔《ひさとも》のとき、陣屋を上総国長柄郡《ながらぐん》一宮へ移した。

しかし、久宜が藩主になってわずか一年後に将軍徳川慶喜《よしのぶ》が朝廷に政権を返上し、形式的に江戸幕府は消滅、翌月、京都に朝廷を中心とする新政府が樹立された。

このおり、新政府の倒幕派は、強引に慶喜の辞官納地《じかんのうち》を決定したため、倒幕派と旧幕臣・佐幕《さばく》派との間で、今にも武力衝突が起こりそうな状況となった。

実兄の立花種恭が幕府の老中格だったこともあり、久宜は幕閣の命で兵を率いて西上したが、その途中、鳥羽《とば》・伏見《ふしみ》の戦いで旧幕府軍が瓦解したことを知り、そのまま江戸へと引き返した。

いったん藩領一宮へ戻った久宜は、三月、海路で西上して京都へ入り、新政府に忠誠を誓い本領を安堵《あんど》された。そして明治二年（一八六九）の版籍奉還《はんせきほうかん》後は、知藩事《ちはんじ》として藩政改革を進めた。

久宜はそれまで重臣たちに藩政を任せてきたが、知藩事になると、新たに議事員五名を政務に加えることとし、議事員を藩士たちの選挙で選ばせた。結果、これまで幅をきかせていた重臣たちは新進気鋭の議事員たちに圧倒され、一宮藩の実権は彼らが握るようになった。さらに俸禄《ほうろく》の思い切ったフラット化を進めた。藩士の禄は二百五十石から五両二人扶持《ぶち》までと非常に幅広かったが、なんと、士族（一般の藩士）は一律三十俵、卒《そつ》（軽輩）は二十五俵としたのだ。

しかし、改革は明治四年に突然終わりを告げた。廃藩置県が断行されたからだ。

ここにおいて久宜は、十七町歩の田を藩有とし、家中で帰農を希望する者にこれを分け与えるなど、彼らの生計が立つようにしたのち上京した。

新潟の骨太校長

その後は意外にも大学南校《だいがくなんこう》（現在の東京大学）でフランス語を学び、フランス人を家庭教師に雇い始めたのである。じつはフランスへの留学が、久宜の夢だった。知藩事の頃も渡仏を決意していたが、これを知った家臣たちの大反対にあい、断念した経緯があった。

だが、またも家中の反対にあって留学の夢は叶《かな》わず、結局、明治六年（一八七三）に文部省の役人として新政府に出仕することになった。文部省では督学局《とくがく》に属し、督学官として全国の学校を視察して歩いたが、明治十年に盛岡師範学校の校長に任じられ、さらに明治十二年、新潟学校の校長となった。

この新潟学校というのが、くせ者だった。男女合わせて五百名を超える大規模な学校で、とくに男子学生の気風が荒く、次々と学校長が退職してしまうような問題校だったのである。そこで久宜は赴任するや全校生徒を講堂に集め、

「君たちがストライキをするのが得意なことはよく知っている。私は大学者ではなく、単なる俗吏《ぞくり》に過ぎない。が、誠心誠意、本校の教育のために力を尽くし、君たちの前途の幸福のために努力していく所存だ。にもかかわらず、君たちが暴挙によって不法な行動をとり学生の本分を誤るのなら、私にとって四、五百名の学生を追放すること

など朝飯前である」

そう凄《すご》んだのである。

さすがに度肝《どぎも》を抜かれた生徒たちだったが、やがて彼らは寄宿舎の賄方《まかないかた》（食事担当）をいじめ始めた。物価高騰のため、現状の金額で寄宿生たちの食事をつくるのが困難になり、賄方が食費の値上げを学校に求めたことが原因だった。いじめにたまりかねた賄方は、契約解除を学校側に申し出た。

これを知った久宜は、すんなりその依願を受け入れ、以後、新しい賄方を雇わなかった。そして「お前たちがこのような状況をつくったのだから、自分たちで新たな賄方を探してこい」と生徒に伝え、そのまま放置したのである。

これにより、寄宿舎で食事が提供されなくなってしまった。驚いた学生たちは懸命に人を探すが、皆、学校の荒れぶりはよく知っているので、誰一人として引き受ける者がなかった。このため、学生たちはろくな食事もとれず大いに閉口したが、それでも久宜はこの状況を傍観し続けた。結果、ついに寄宿生たちは校長に降伏、以後、学校は平穏になったという。

不退転の決意で鹿児島へ

明治十四年（一八八一）、新潟学校を去った久宜は、強く乞われて教育界から司法の世界へ身を投じた。思い切った転身だ。ただ、最初の赴任先は、埼玉県の熊谷裁判所だった。

これは想定外の人事であった。久宜は東京での仕事を強く希望していたため、この措置に大いに不満で、さっそく当局に苦情を言ったところ、まもなく東京にほど近い浦和裁判所支庁詰《づめ》になった。

それでも本人は納得できなかったようで、翌年、辞職願を提出してしまった。すると、大木喬任《おおきたかとう》司法大臣がその話を聞きつけ、久宜の才能を惜しんで大審院《だいしんいん》（現在の最高裁）検事に抜擢してくれたのである。こうしてそれから十三年間、久宜は司法畑を歩くことになった。

明治二十六年（一八九三）、久宜は山県有朋《やまがたありとも》司法大臣から直接呼び出され、にわかに鹿児島県知事への就任を打診される。もともと法律が苦手で「法曹界は自分に合わない」と公言し、みずからを「法曹界の厄介《やっかい》もの」と自嘲《じちょう》していた久宜だったので、その申し入れを喜んで受け入れた。

こうして翌年鹿児島に赴《おもむ》いた久宜だったが、知事在任期間は明治三十三年までの六年間に及んだ。当時としては異例の長さであり、かつ、彼のおかげで「鹿児島県は大発展を見た」といっても過言ではない働きを見せたたのである。

鹿児島への赴任にあたって久宜は、「県全体を改革するまでは任地を去らない」という決意を表明し、家族を伴ってまったく土地鑑のない鹿児島へやってきた。

鹿児島県はまだ西南戦争の傷跡が癒えず、さらに県内の有力者たちは民党《みんとう》（反政府政党）と吏党《りとう》（政府系政党）の真っ二つに分かれ、互いに激しくいがみ合っていた。そのうえ、士族と一般庶民も対立しており、こうした軋轢《あつれき》は地域を大いに疲弊させていた。

これを知った久宜は、県役人の採用にあたり、「党派や身分に関係なく、技術職以外は鹿児島県人を優先的に採用し、自分の親戚、知人、旧臣は一切雇用しない」と明言した。そして職員の給与をアップし、士気を高めた。

当時、鹿児島の警察官のほとんどが士族の独占状態で、彼らは県民にいばりちらしていたが、素行の悪い警部四名を即座に解雇し、都市部の警官を村落へ、農村の警官を都市部へ移動させるなどして長期赴任による汚職を防ぎ、鹿児島県警部（現在の鹿児島県警のような組織）の改革を断行した。

また、これまでの知事とは異なり、誰よりも早く登庁し、一番最後に県庁を出るという熱心な仕事ぶりを見せた。

久宜は、頻繁《ひんぱん》に県内の村落を巡視して現状の認識につとめた。しかも巡視は形式的なものではなく、「文書による千回の指令よりも一回の巡視のほうが効能がある」という信念のもと、県下の町村をあまねく回って民情を視察し、現地では人々を集め、膝《ひざ》を交えて指導をおこなった。

そして、感じたことを細かく記し、のちに問題点を文書にまとめ、官吏に改善するよう指示したのだった。

「この知事は、本当にやる気だ」ということが、県の職員全体にしっかり伝わることになった。

晩年、久宜は次のような言葉を残している。

「政事は方策に在るが之を行ふは人に在る、人の手腕と熱心とを欠いた日には地方行政の効果は決して挙るものではない」（「町村の経営」内務省地方局編『第一回地方改良事業講演集　下巻』所収）

当時の鹿児島の役人たちが「消極的で受け身である」と感じたので、このようにみずから役人としての手本を見せたのだろう。

「絶対的進歩主義者」の大改革

久宜は知事在任中はどこに行くにも小さな手帳を持ち歩き、明日やらなくてはいけないことや思い浮かんだこと、参考にできると感じたことをすぐさま記録し、翌日、県庁へ出勤すると、手帳に書いたことを片っ端から片づけていく仕事ぶりを見せた。

思い立ったら即座に実行、それが役人の正しい姿勢であり、久宜はこれを絶対的進歩主義と称した。

知事としての久宜は、鹿児島県の殖産興業に力を入れた。

まずは、下等とされた県下の米の品質を向上させるためにあらゆる努力を払った。具体的には、肥料・農具の改善指導や稲の正条植《せいじょうう》えなど栽培法の指導、排水改田工事の推進、米商人の不正をとり締まるため米穀業者の組合の設立などだ。結果、県下における米の生産量と品質は急激に向上していった。

米以外にも柑橘《かんきつ》類や茶などを県の特産品とすべく、有能な技術者を鹿児島県に招いたり、品評会を催すなどした。また、私費を投じて鹿児島柑橘園と称する苗園をつくり、無償で農家に苗や会報を配り始めた。そんなことは前代未聞だったが、さらに驚くべきは、県産の柑橘類を海外へ売り出そうと、販路の開拓に乗り出したことだ。これは、当時としては極めて斬新な発想だった。

桑園も私費でつくり、長野県から購入した良い桑を接《つ》ぎ木して見事な桑苗を育て、それを農民に無料配布するとともに、蚕糸《さんし》同業組合を立ち上げ、県費を補助して養蚕業の振興をはかった。茶についても模範茶園を私費で創設し、その普及につとめた。

このように久宜は、鹿児島県の発展のために身銭を惜しげもなく投じたのだった。「見聞に狭く経験に乏《とぼ》しき民衆に対しては特に言行一致実践躬行《じっせんきゅうこう》、まず自ら之が模型を示して開導するに非《あら》ざれば得て期すべきに非ず」（大囿純也著『加納久宜 鹿児島を蘇らせた男』）という自身の信念のもと、久宜は農民たちに手本を示したわけである。そのために拠出した金銭は、二万円という莫大な額にのぼり、加納家の家政を圧迫するほどだった。彼の本気度がわかるだろう。

久宜は、県下のインフラ整備にも力を注ぎ、鹿児島鉄道の創設、鹿児島港の近代化などに力を尽くした。

続いて顕著な業績を上げたのが教育分野であった。「未来の国家に尽くすべきは児童教育」と考えた久宜は、まずは小学校の就学率を上げるべく諸政策を展開した。

当時、鹿児島県の子供たちは半数程度しか小学校へ通っておらず、全国平均を大きく下回っていた。そこで学務委員に各村を巡回させ、保護者へ児童の就学を強くうながし、場合によっては違約金を出させることにした。一方、優良な学校や児童個人を

朝日新聞に掲載された池上競馬場の馬券売り場。久宜が開場につとめ、馬券付き競馬が初めて開催された

積極的に表彰した。

　学校での紙や墨などの必需品は町村費で購入し、貧しい児童に分与し、校舎不足に対応するため寺院や神社、民家を利用させた。こうした政策の結果、鹿児島県の就学率は急速に上昇していった。さらに農業学校や中学校、高等学校の創設を進め、鹿児島県を教育先進県に変えたのである。

　久宜は、幼い頃から馬が大好きだった。そのため県知事になってからも白馬に乗って登庁していた。そんな久宜は、鹿児島県がかつて名馬の産地であったことを知るや、これを復興させようと積極的に動いた。県下に種馬組合を発足させ、県が直接種馬を購入し、組合に貸与する制度を設けた。久宜自身も私費で種馬を購入し、無料で農民たちに馬を利用させたのである。

ちなみに知事退任後、久宜は仲間とともに東京競馬会を発足させ、初めて馬券付き競馬を開くなど大いに日本競馬界の発展に尽くし、晩年は東京競馬倶楽部の初代会長となった。

念頭になかった出世

知事を退任した後、久宜は東京の入新井村《いりあらい》（東京都大田区の一部）に居住した。ただ、隠居したわけではなかった。地方行政に見事な手腕を発揮したということで、各地で講演を求められ、さらに各団体の会長職を引き受けさせられたが、久宜はそのすべてを熱心にこなしつつ、新たな取り組みを始めたのである。

それが、信用組合と産業組合の設立だ。明治三十五年（一九〇二）に久宜は近隣を回って出資者を募《つの》り、イギリスの協同組合を参考にした入新井村信用組合（現在の城南信用金庫のルーツ）を設立した。

久宜は言う。

「金持は金融の機関を持つて居る」「是《これ》に反して貧乏人はさうはいかない、金の要《い》るときには如何《いか》にするかといふと、金融の機関がないのである」「下層の人民をして如何にせば十分金融の他宜を得さしむることが出来るかといふたならば、国民銀行即《すなわ》ち信用組合である。此《この》信用組合の目的は、即ち物に対《むか》つて信用を置くのでなく、人に対して信用を置くのである。対物信用でなく、対人信用である。対人信用であれば、縦令《たとえ》公債証書はなくても、土地家屋は持つて居らないでも、其《その》人の正直と其人の性行の信ずべき程度に於《おい》て、金を貸すことが出来るのである」（「産業組合の活動」内務省地方局編『第二回・第三回地方改良講演集　上巻』所収）

貧しい者であっても金銭を借りることができるよう、久宜は信用組合という新しい金融システムを居村に構築したのである。続いて産業組合もつくり、共同で商品を安く購入して分配する仕組みを立ち上げた。こうして荒廃していた入新井村を見事に復興したのである。

やがて久宜は貴族院議員となり、さらに大正元年（一九一二）に桂太郎《かつらたろう》が組閣するさい、農商務大臣を打診されたという。しかしこれを固辞し、なんと、一宮町長についたのである。旧領地である一宮町の人々の強い要望に応えたのだ。そして大正六年（一九一七）までその地位にあり、全国切っての名町長と謳《うた》われることになった。

前年の大正六年には一宮町の青年ら七十人を率いて久しぶりに鹿児島県を訪問、駅

かごしま県民交流センター前庭に建つ「加納公遺徳碑」（鹿児島県鹿児島市教育委員会提供）

は旧県知事を歓迎する人々で埋め尽くされたという。久宜はこれを喜び、「昔植えたミカンを早く見たい」と語ったと伝えられる。

大正八年（一九一九）二月二十六日、久宜は静養していた別府で七十二歳の生涯を閉じた。

加納久宜の伝記を記した伊佐秀雄は、彼の人生を次のように評している。

「出世第一主義などは全く念頭になく、大宰相たらずんば大町長たらんとの信念を以て事実坐らうと思へば坐れたかも知れない大臣の椅子などには振向きもせず」「七年でも八年でも与へられた仕事に没頭し、何者をも惧《おそ》れず、何物をも顧《かえり》みない信念の人であった。この意味では彼は官界の変り者であった。しかし彼のやうな変り者があったからこそ、わが自治行政は順調に進み、わが産業界は鎖国政策二百五十年の立遅れからよく脱却して僅々七、八十年で欧米諸国に匹敵し得るまでに至ったのである」（伊佐秀雄著『馬産界の功労者 加納久宜』）

井伊直憲

「彦根の夜明け」に尽くした隠れた名君

嘉永元年（一八四八）〜明治三十五年（一九〇二）

いいなおのり

●国名　近江国
●居城　彦根城
●石高　30万石（35万石格）
●爵位　伯爵

大老・井伊直弼の次男として、嘉永元年（1848）に誕生。万延元年（1860）、桜田門外の変で直弼が暗殺され13歳で藩主となる。一橋派が復権すると、10万石を減封されるなど苦しい立場に陥るが、幕府に尽くして、禁門の変や長州征討などに積極的に参加。戊辰戦争では一貫して新政府軍側につき、武功をあげ2万石を与えられる。廃藩置県後は欧米にも留学。国元だった彦根の近代化や教育振興に尽くした。明治17年（1884）、華族令により伯爵となる。明治35年（1902）、55歳で逝去。

彦根藩《ひこね》

藩祖の井伊直政は徳川四天王の一人であり、生涯をかけて徳川の天下取りに尽力した。譜代大名のなかでは最大の石高を誇り、西国大名をこの地で牽制した。幕府のトップである大老を5人（一説に7人）も出しており、名実ともに譜代筆頭の家柄であった。

井伊直憲（画像提供：彦根城博物館蔵／ DNPartcom）

秘匿された大老直弼の死

徳川《とくがわ》四天王と謳《うた》われた井伊直政《いいなおまさ》を輩出した譜代《ふだい》大名井伊家は、たびたび当主が大老に就任するなどして江戸幕府の屋台骨を支えてきた。

しかし、そんな井伊家の命運は、安政《あんせい》七年（一八六〇）三月三日、にわかに暗転した。

大老として開国後の難局をリードしてきた十五代近江彦根《おうみひこね》藩主の直弼《なおすけ》が、暗殺されたのである。安政の大獄《たいごく》で前藩主徳川斉昭《なりあき》を処罰されたことに恨みをもった水戸《みと》浪士らの犯行であった。

同日早朝、浪士たちは直弼の行列が江戸城にのぼるところを桜田門外《さくらだもんがい》で待ち受けていた。旧暦の三月三日は桜の季節だが、当日は思いのほかの大雪であった。このため、雨合羽《あまがっぱ》を身につけ、雪で刀が濡れては困ると、直弼に随行した家臣の多くが刀の束《つか》や鞘《さや》に袋を被《かぶ》せていたという。

ゆえに銃声を合図に水戸脱藩士らが直弼の駕籠《かご》に殺到したさい、防御に後《おく》れをとってしまったのである。約六十名の井伊方に対し、襲撃者はわずか十八名。通常なら撃退できる人数差だが、それでも主君を守れずに命を奪われてしまったのは、まさかの隙を突かれたのと、この出で立ちのせいであった。

事件の目撃談によれば、暗殺者たちは直弼の駕籠に激しく刀を差し入れたあと、血だらけの直弼を外に引きずり出し、首を落とした。

井伊家の家臣たちは、四名がその場で命を落とし、深手を負って四名がのちに死去、十名ほどが怪我《けが》をしている。

直弼の首は、いったん刺客の有村次左衛門《ありむらじざえもん》が持ち去るが、重傷のため若年寄遠藤但馬守《わかどしよりえんどうたじまのかみ》邸の辻番所前で、首級を脇に置いて切腹して果てた。

このため直弼の首は遠藤家がすぐに回収した。これを知った井伊家は何とか首を取り戻すと。藩医が胴体と縫合《ほうごう》し、まだ生きていることにして幕府には遭難届を提出したのである。

多数の目撃者がいるのに馬鹿げた処置だが、これは家名の存続のためだった。簡単に殺されたとあっては、場合によっては御家《おいえ》断絶になってしまう。

ただし、この措置は井伊家のほうから望んだものではない。幕府が井伊家に配慮して、そうするように指示したのである。

じつは、主君が殺された井伊家では、家中の動揺がはなはだしく、補縛《ほばく》された水戸浪士の引き渡しを幕府に強く求め、家臣のみならず奥女中までもが武装し、水戸藩邸に攻め入って仇《あだ》を討とうと叫ぶ者も少なくなかった。

水戸藩のほうでも、報復を想定して臨戦態勢を整えていた。もしも、江戸市中で両藩が武力衝突を起こしたら、それこそ一大事だ。

「それだけは、何としても避けねばならぬ」

そう考えた幕閣は、最悪の事態を防ぐため、たびたび井伊家へ使者を遣わして慰撫《いぶ》につとめ、家名存続を約束し、将軍家茂《いえもち》も怪我をしたことになっている直弼に朝鮮人参《にんじん》や氷砂糖、鮮魚を下賜《かし》したのだった。

かくして幕府は、直弼が病に倒れたこととし、三月十日には直弼の子愛麿《よしまろ》を世嗣《せいし》とする旨《むね》を彦根藩から幕府に申請させた。そして愛麿の家督相続を認め、井伊家を存続させる確約を与えたのだった。穏便な解決をはかったわけだ。

桜田門外の変から二十七日後の三月三十日、直弼は病気を理由に大老を辞職した。すでに死んでいるのに、表向きはまだ生きていることになっており、翌月の閏《うるう》三月二十五日、危篤《きとく》に陥《おちい》ったという理由で、将軍家茂は直弼のもとに奥医師を派遣している。そして晦日《みそか》（二十八日）に公式に直弼の喪《も》が発表されたのである。

愛麿は側室の里和《さとわ》が生んだ子で、まだ十三歳であった。この愛麿こそが彦根藩最後の藩主直憲《なおのり》である。

家督相続後も続く苦難

直憲は万延《まんえん》元年（一八六〇）四月二十八日、正式に彦根藩十六代藩主に就任した。

そんな幼君を奉じて井伊家を支えたのは、家老の木俣清左衛門《きまたせいざえもん》と庵原助右衛門《いおはらすけえもん》、さらに直弼の懐刀《ふところがたな》として活躍した宇津木六之丞《うつぎろくのじょう》と長野義言《ながのよしとき》だった。

文久《ぶんきゅう》二年（一八六二）、桜田門外の変に続いて老中の安藤信正《あんどうのぶまさ》も水戸浪士らに坂下《さかした》門外《もんがい》で襲撃され（坂下門外の変）、幕府の権威は失墜、京都で朝廷を牛耳った長州《ちょうしゅう》藩士を中心とする尊王攘夷《そんのうじょうい》派が大きな政治力を有するようになった。

同年六月、公武合体《こうぶがったい》派の薩摩《さつま》藩の島津久光《しまづひさみつ》が勅使《ちょくし》を奉じて江戸に入り、幕府に対して強く幕政改革を求めた。これに応じるかたちで参勤交代の緩和、人事の刷新など文久の改革が幕府で始まった。

このとき井伊直弼に弾圧された一橋《ひとつばし》派が復権し、松平春嶽《しゅんがく》が政事総裁職《せいじそうさいしょく》、一橋慶喜《よしのぶ》が将軍後見職についた。彼らは安政の大獄という直弼の仕打ちを深く恨んでいた。ゆえに彦根藩としては、一橋派の意趣返しを想定せざるを得なくなった。

ここにおいて、井伊家で政変が起こった。

藩内尊攘派の若者や軽輩たちが、開国派で直弼の懐刀として活躍した長野義言の処罰を求めて、家老の岡本半介《おかもとはんすけ》の屋敷に殺到したのである。岡本は尊攘派であり、直弼時代には敬遠されて冷遇されていた。

尊攘派は、家老の岡本に対し「逆賊の長野を誅殺《ちゆうさつ》していただきたい。もしその願いが叶《かな》わぬのなら、我々があやつの屋敷に押し入って捕まえる所存。それを認めないというなら、我らは一命を投げ捨て血戦に及ぶ覚悟」と激しく迫った。

岡本はこの過激な意見を諫《いさ》め、そのうえで彦根城にのぼって藩主の直憲に長野らの処分を直訴《じきそ》した。

このとき十五歳の直憲は、「すべてお前に任せる」と一任したのである。

岡本は、木俣と庵原の両家老を謹慎処分として藩の実権を握り、八月二十七日に長野義言を処刑。さらに江戸にいる宇津木の身柄を拘束して彦根に連行し、十月に同じく斬首に処した。

こうして確立した岡本政権に、家老の三浦与右衛門《みうらよえもん》と直憲の伯父新野左馬助《にいのさまのすけ》が協力し、軽輩からなる尊攘派の至誠組《しせいぐみ》がこの政権を支えることになった。

それからまもなく井伊家に激震が走る。同文久二年十月、幕府より十万石削封の内命が伝えられたのである。

すでに閏八月、歴代藩主が就任してきた京都守護の役職を解任されていたが、さらに減封までされたのだ。三十万石のうち十万石を召し上げられるというのは、彦根藩にとってすさまじい経済的打撃であった。

そうした処分を受けぬよう、藩内では直弼派を粛正してきたのに、まさかの一橋派の意趣返しであった。

仰天した至誠組の加藤吉太夫《かとうきちだゆう》は、脱藩して江戸へ赴《おもむ》き、十一月七日、老中井上河内守《いのうえかわちのかみ》の屋敷で藩の窮状を述べたうえで減封内定の撤回を求め、「ねてすます起ても猶《なお》すまぬ　世は死より外の道なかりけり」という辞世を詠《よ》んで腹を割《さ》いたとされる。

続いて岡本半介らが執筆した意見書を持った遠城平右衛門《おんじょうへいえもん》ら八名が、同じく井上邸へ出向いて、決定の取り消しを強く依願した。

それでも事態が改善する気配がなかったため、ついに岡本みずからが十一月に彦根を発《た》ったが、江戸へ赴く途中、幕府の正式な通達をたずさえた彦根藩の使者と遭遇し、結局、決定を泣く泣く受け入れざるを得なくなった。

この冷酷な仕打ちに藩士たちの気持ちは徳川家から離れていった。が、一方で実権を握った岡本は、京都で政治力を発揮するようになった将軍後見職の一橋慶喜や京都《きょうと》守護職《しゅごしょく》の松平容保《まつだいらかたもり》らに接近し、奪われた旧領の回復をはかろうとした。

藩主直憲も徳川家の日光代参を務めたり、天誅組《てんちゅうぐみ》の変や禁門《きんもん》の変に積極的に兵を出した。第一次長州征討でも先鋒を務め、堺や大津の警備を担うなど、涙ぐましい努力をした。結果、没収された十万石のうち三万石を回収することができたものの、残りは音沙汰のないまま過ぎていった。

慶応《けいおう》二年（一八六六）の第二次長州征討でも、直憲は兵を率いて周防国《すおうのくに》の岩国城《いわくにじょう》の攻撃に参加している。しかし、芸州《げいしゅう》口の戦いで長州軍に圧倒され、苦戦を強《し》いられてしまう。

結局、将軍家茂の死去を理由に幕府は勝手に停戦を決め、征討軍は戦いをやめて引き揚げたが、幕府の敗北は明らかであり、一気に倒幕の流れが進むことになった。

同年十二月、直憲は長州征討での敗北と藩の財政赤字を受けて、富国強兵のため家中に五年間の倹約を命じた。すでに直憲自身綿服《めんぷく》を着るなど質素倹約に励んでおり、このたびは家臣に対しても綿服の着用を命じ、贅沢《ぜいたく》な贈答や餞別《せんべつ》・土産のやりとり、屋敷の新築、若者の酒宴などを禁じ、武備の充実をはかろうとした。実際同年夏より彦根藩は洋式銃隊への改編を断行しており、西洋砲術の研究や訓練なども始めていた。

幕府と新政府を天秤にかける

この頃、徳川宗家を継いだ慶喜が将軍に就任し、猛烈な幕政改革を始めていた。が、倒幕派の勢いは日に日に増すばかりで、ついに慶応三年（一八六七）十月、慶喜は政権を朝廷に返上する。こうして二百六十年続いた江戸幕府は幕を閉じた。

大政奉還《たいせいほうかん》の建白を受けて朝廷は翌日、十万石以上の大名に対して十一月中の上洛を命じた。ところが、それに応じて京都へ参集したのは、わずか十六藩の藩主に過ぎなかった。しかも大藩と呼べるのはわずか四藩だけだった。そのなかに井伊直憲の顔もあった。他の大名たちが事態を傍観しているなかで、まことに素早い対応だといえよう。

それから一月も経たない十二月九日、倒幕派のクーデターによって、明治天皇が王《おう》政復古《せいふっこ》の大号令を発し、朝廷を中心とした新政府が誕生した。そして、その夜の小御《こご》所《しょ》会議において、辞官納地《じかんのうち》が決定された。

おとなしく政権を返上した慶喜に対して、あまりにむごい措置といえた。薩長倒幕派が徳川家の暴発を誘っているのは誰の目にも明らかだった。

ここにおいて、在京している彦根藩士たちの間で、新政府につくか、徳川につくかをめぐって、藩論が大きく分裂してしまった。

家老の岡本半介や木俣土佐《とさ》は「慶喜のいる二条城へ駆けつけるべきだ」と主張したが、谷鉄臣《たにてつおみ》、至誠組の家老、新野親良《ちかよし》らは「新政府につくべきだ」と強く反対した。

結果、彦根藩は兵を二条城に派遣したものの、直憲自身は二条城へ行かぬ決断をしたようだ（異説あり）。

それからまもなくの十二日、慶喜は幕臣や会津《あいづ》・桑名《くわな》兵などを引き連れ、おとなしく京都から大坂城へ移動した。大坂城は天下の堅城ゆえ、京都の二条城で戦うより有利だと判断するとともに、とりあえず大坂へ撤収して諸大名がどう動くかを静観しようとしたのだろう。

このときわずか二小隊であったが、彦根藩は家老の貫名筑後《ぬきなちくご》を将として藩兵を大坂城へ派遣し、やがて家老の岡本自身も大坂へ赴いた。

その一方で、彦根側は新政府の三条実美《さんじょうさねとみ》に「我々は新政府側につく」と伝えている。というのは、公家の岩倉具視《いわくらともみ》が薩摩の大久保利通《おおくぼとしみち》に宛てた書状で、「彦根藩がこちらにつくという連絡が三条家からあった。たとえ嘘《うそ》であっても、幕府方の諸藩に大きく影響し、彼らも後悔し新政府方に味方するだろう」と喜んでいるからだ。

ともあれ明らかに彦根藩は、この時点で二股《ふたまた》をかけていたのである。

ただ、他の大名たちはほとんど国元で息を潜《ひそ》めていた。おそらく、両者に戦端が開かれたさい、有利なほうへなびこうとねらっていたのだ。それを考えれば、彦根藩の策は他藩より積極的だったといえる。

十二月十五日、直憲は病にかかってしまったので、京都を離れる決意をかため、病気療養を理由として朝廷に帰国を願い出た。しかし、許しが出ない。再度申請したところ、新政府は「滞京したままで加療せよ」と帰国を認めなかった。離反されることを恐れるとともに、譜代の代表格が新政府方の拠点にいることで、情勢が有利に働くと考えたからだろう。

ここにおいて井伊直憲は、覚悟を決めた。

十二月二十三日、直憲は新政府に対し、「私は病気となり、起き上がることもできぬ状態になったので養生のため、帰国を願いました。しかし、思《おぼ》し召《め》しをもって滞京して加療につとめよというお言葉をいただき、ありがたき幸せです。よく熟考してみれば、もはや帰国している時節ではありません。病中ですが、このうえは奮発し、死力を尽くして禁裏《きんり》を守衛する覚悟でございます」と決意を述べたのである。

このとき直憲はまだ二十歳の若者であった。新政府は大いに喜び、彦根藩兵に対して鳥羽《とば》街道沿いの四塚《よつづか》関門の警備を命じた。

それから数日後の慶応四年正月三日、鳥羽と伏見《ふしみ》で新政府軍（薩長軍）と旧幕府軍の武力衝突が勃発、旧幕府軍が敗れた。ただ、関門警備を担い、大津にも警備兵を派遣していたことから、彦根軍はこの戦いに参加しなかった。

戦いに敗れた徳川慶喜は、大坂城から離脱して船で江戸へ逃げ戻った。同月七日、朝廷の新政府は逃げた慶喜を朝敵として、その追討を諸藩に命じた。これにより大勢は決したのである。

十日、新政府は、彦根藩に対して桑名征討を命じた。そこで新政府軍の中心となって他藩とともに桑名へと向かった。

桑名藩主松平定敬《さだあき》は、兄で会津藩主の松平容保とともに旧幕府軍の主力となって新政府軍に敵対、慶喜に同行して江戸へ逃れていた。

桑名藩では藩主不在のなかで、今後どうするかを議論した。城を枕にして討ち死にすべきだと主張する者もいたが、勝算がないなかで無謀な意見は退けられた。ただ、「定敬公がおられる関東へ向かい行動をともにすべきだ」という東下論と、「おとなしく新政府に下るべきだ」とする恭順論に分かれて激しい議論となった。結局、結論は出ず、なんと、くじを引いて決めることになったのである。家老の酒井《さかい》孫八郎《まごはちろう》がくじを引いた結果、江戸へ向かうことになった。

しかし、下級藩士たちは「江戸へ行ったとしても、定敬公は新政府に恭順するかもしれぬ。それに定敬公は養子。私たちには先代の遺児万之助様がおられるので、この方を擁立して新政府に謝罪恭順すべきだ」と主張、上層部を説得したため、最終的に降伏することになった。

二十二日、彦根藩を主力とする新政府軍は、桑名城近くの四日市《よっかいち》まで迫った。するとと、十二歳の万之助が家老とともに、鳥羽・伏見で戦った兵を率いて四日市に駐屯している新政府軍のもとに出頭してきた。新政府軍は桑名藩に対し、城の引き渡しと藩士が寺院で謹慎することを求めた。なお、万之助らは四日市の法泉寺《ほうせんじ》に留め置かれることになった。二十八日、新政府軍が桑名に入って城の受け渡しが無事終了した。

かの近藤勇を捕縛する武功

こうして無事役目を果たした彦根藩に対し、二月六日、新政府の東山道先鋒の命がくだった。ただ、のち後軍に変更となり、ほとんど戦わないまま江戸の板橋宿《いたばししゅく》の警備を担うことになった。

——二月八日、直憲は家中に向けて次のような通達を発した。

「王政が復活し、世の中が一新するにあって、藩内における因循《いんじゅん》姑息《こそく》で怠惰な者たちは断然排除する。一同すみやかに奮起し、同心協力して一藩和睦《わぼく》の心構えをもつことが大切だ。この一新の意向に適《かな》う意見は採用するので、有志の者は積極的に申し出よ。罪はなるべく宥免《ゆうめん》するつもりだが、賄賂《わいろ》をむさぼり、卑劣な人間がいれば厳重に処罰する。藩内の者は門地にかかわらず、また士農工商などの身分にかかわらず、賢く才能のある者をその器《うつわ》に応じて登用するつもりだ。だからそれぞれが懸命に文武芸道に励むように」

彦根藩内でも、これまでの秩序が大きく変化する維新が進行していることがわかる。

板橋宿の警備を任された彦根藩だったが、三月晦日、宇都宮《うつのみや》藩から援軍の要請があったのでそちらに向かい、四月二日に粕壁《かすかべ》に着陣してまもなく、「下総《しもうさ》流山《ながれやま》に旧幕府軍が集まっている」との情報を得た。

そこで現場へ急行して責任者に事情聴取をおこなった。このとき彦根藩士の渡辺九郎左衛門《わたなべくろうざえもん》は、責任者だという大久保大和《おおくぼやまと》なる男に見覚えがあった。新選組の近藤勇《こんどういさみ》だと気づいたのだ。このため上官にその旨を伝えると、彼らは素知らぬふりをして近藤を板橋宿まで連行し、本人と認めさせたうえで捕縛したという。大きな手柄であった。

ここまでほとんど無傷の彦根軍だったが、四月十六、十七日に下野小山宿《しもつけおやましゅく》において大鳥圭介《おおとりけいすけ》率いる旧幕府脱走軍と遭遇戦になった。敵はフランス士官から訓練を受けた伝習《でんしゅう》隊《たい》という洋式歩兵部隊が中心で、兵力も数倍だったこともあり、大いに苦戦することになった。

続々と新手《あらて》を繰り出してくる敵に対し、寡兵《かへい》で対応していた彦根藩三小隊を中核とする新政府軍だが、ついに宿場からの撤退を決めた。このとき、遅れた青木貞兵衛《あおきさだべえ》の

近藤勇陣屋跡（千葉県流山市）近藤勇が最後に陣営を敷き、自首した地である

小隊が敵の大軍に囲まれてしまう。小泉《こいずみ》弥一右衛門《やいちえもん》、渡辺九郎左衛門の彦根藩二小隊は、青木小隊を救おうと引き返したが、激しい銃撃で救援できなかった。

宿内の屋敷に立て籠《こ》もった青木小隊は銃弾が尽き果てたため、ついに銃を捨て白刃《はくじん》をかざして敵陣へ突入した。この小山の戦いでの彦根藩の犠牲者は十一名、負傷者は多数にのぼった。

その後、彦根軍は宇都宮、日光周辺、白河《しらかわ》、石川、会津など各地を転戦して十月に東京へ戻った。戊辰戦争に参加した彦根藩士は総員千二百七十名。うち二十九名が死亡し、三十三名が負傷した。

戊辰戦争すべてにかかわった藩は、徳川譜代では彦根藩を含めわずか三藩に過ぎなかった。「彦根の井伊掃部頭《かもんのかみ》（直憲）はよく活躍している。ここで奮闘してこれまでの罪（尊攘派への弾圧）を償《つぐな》いたいということだろう。じつに世のなかというのは意外なものだ」と、大久保利通が驚くほどの彦根藩の積極さであった。こうした戊辰戦争での功績を賞せられ、明治二年六月、新政府は賞典禄《しょうてんろく》として直憲に佐賀《さが》藩主鍋島直大《なべしまなおひろ》と同じ二万石を下賜《かし》したのである。

藩政改革の途上に廃藩

明治元年（一八六八）十月、新政府は諸藩に対して職制の統一を指示し、藩政改革を命じた。これを受けるかたちで、直憲も家中に藩政改革宣言をおこなった。

翌二年正月、直憲は朝廷に参内して明治天皇に拝謁《はいえつ》する。二月十五日には天皇の東京への行幸《ぎょうこう》のさい、先駆けをするようにとの命を受けた。同月、直憲は有栖川宮熾仁《ありすがわのみやたるひと》親王の三女宣子《よしこ》との縁組みが整った。これにより、天皇家と縁戚関係になったのである。

同年、版籍奉還《はんせきほうかん》によって形式的に領土と人民は朝廷（天皇）のものとなるが、他藩主同様、直憲はそのまま知藩事《ちはんじ》に就任して藩政をとった。

版籍奉還後、直憲は藩政改革の断行を決意し、同年八月、家中に対し「このたび政府の知藩事に就任した。だから藩政改革に全力を尽くそうと考えている。朝廷も世界の情勢を洞察して万事改正しようというご趣意ゆえ、天地開闢《かいびゃく》のときと心得、国家のために協力していく所存だ。もし昔ながらの古い習慣にこだわり、妄言《もうげん》を吐く輩《やから》がいたら、厳罰に処す。よく心得ておくように」と公言、さらに翌月、明性寺《みょうしょうじ》に会議局を設置し、広く衆議を参考にして藩政を進めるとして、有志からの意見を募《つの》った。

とくに直憲は、軍事改革に力を入れたが、明治三年閏十月に出された「常備兵隊長隊下官員心得」は注目に値する。小隊長の選出は隊員の選挙でおこない、藩庁の許可を得るという一文が存在するからだ。封建社会では想像できない選出法であり、新しい世の訪れを感じさせる。

明治三年十一月、土佐《とさ》（高知）藩は、新政府に藩政改革の伺書を出すとともに、同じ改革を諸藩でも施行してほしいと申し出た。政府は全国に施行するのは政府内での議論が必要だが、土佐藩で改革をするなら問題はないと告げた。

この改革は「人民平均の理《ことわり》」を理念としたものであった。すなわち四民平等政策である。特権階級であった士族を平民同様に近づけ、士農工商の分け隔《へだ》てをなくそうとするもの。彦根藩もこれに強く影響され、抜本的な改革を決意し、明治四年六月に政府から許可を得て、翌月から実施し始めた。ところがその直後、木戸《きど》孝允《たかよし》と大久保利

木戸孝允（国立国会図書館蔵）

通、西郷隆盛《さいごうたかもり》を中心とした新政府のクーデターともいえる廃藩置県が断行されたのである。

薩長土《さっちょうど》から約八千の兵力を上洛させ、その武力を背景に藩を廃止して県を設置すると宣言したのだ。こうして彦根藩も地上から消滅する。

知藩事は、すべて東京に居住させられることになった。直憲は九月に彦根の地を離れるにあたって、士卒らに別離の言葉を与えた。

「このたび東京へ行く。しばらくお前たちとも会うことができないので盃《さかずき》を与えた。これまでいろいろ心を配ってくれ、朝廷のため、また藩政改革のため努力してくれ感謝する。これからも協同勉励して皇国のために尽力してくれるよう、出立後も深く思案している。先だって、町内の長老や郡の総代たちを呼んで、私が去ったあと、心得違いの者たちが出てはお前たちのためにはならないと申し渡し、一同も納得してくれたと思う。どうか私が去っても、朝廷の趣意をはずさないようにしてほしい」

こうして彦根を去った直憲は、九月二十八日に東京に到着した。

いざ欧米へ

翌明治五年（一八七二）十月から翌年十一月までの一年間、直憲は西洋へ遊学している。明治政府は華族（旧大名や公家）に対し、盛んに海外留学を奨励しており、この時期、多くの華族が欧米を見聞していた。直憲もその一人であった。

直憲は洋行前にプロシア人のアルノルドから英語を学び、弟の越後与板《えちごよいた》藩主井伊直安《なおやす》とともにアメリカ人アーモンド、さらに旧藩士の西村捨三《にしむらすてぞう》、橋本正人、河上房申らを連れて、十月二十四日に横浜から出発、約一年かけてアメリカ、イギリス、フランスなどをめぐった。

直憲は留学中に日記や手紙を残しており、それにもとづいて京都薬科大学の鈴木栄樹氏が「最後の彦根藩主井伊直憲の西洋遊学―大名華族の西洋体験」（彦根藩資料調査研究委員会編『彦根城博物館叢書1　幕末維新の彦根藩』所収）と題して、直憲の行動を詳細に紹介している。

鈴木氏の研究によれば、直憲一行は十一月十六日にサンフランシスコに到着し、しばらく滞在してさまざまなものを見学している。蒸気船、機関車、学校、芝居見物などで一週間ほどを過ごし、初めての寝台列車でニューヨークへ向かった。途中、シカゴに一日滞在したが、汽車や馬車など往来の激しいことに驚いている。山本初太郎という軽業師《かるわざし》の来訪も受けた。シカゴでは三人の日本の軽業師が興業しており、そのうち一人が子供であることに驚いている。

ニューヨークでは英語教師グリーンについて英語を学習した。グリーンは直憲の見聞を広めようと、ときどき外に連れ出しては、セントラルパーク、ブロードウェイ、さらに火事の現場にまで引っ張っていった。

やがて、直憲は、留学していた華族酒井忠邦《さかいただくに》や奥平昌邁《おくだいらまさゆき》、さらに数名の西洋人とも親しくなり、互いに行き来する間柄になった。まだ直憲は二十代半ばであり、急速に西洋社会になじんでいったことがわかる。

三月、直憲はワシントンへ向かった。ワシントンでは議会や政府の省庁、郵便局などを見学し、その盛大さ、道路の広大さに感心している。

三月四日にはグラント大統領の就任式も見物した。

「大統領グラント氏出席にて、誓約書を高声読上ける。諸兵隊は捧銃《ささげつつ》の礼并《ならびに》大炮《たいほう》隊は銃炮等致す。（略）諸見物人も皆々式の節には帽を上け、祝礼を行ふ（略）本日の見物人は、実に数多《あまた》に有之《これあり》、依《よっ》て其《その》群集混雑は不可言《いうべからず》、亦《また》盛大なる事可思也《おもうべきなり》」（『前掲書』）

直憲はこのように大統領就任式の盛大さを日記に記している。

ワシントンではほかに農学館、アナポリスでは海軍所や海軍学校、軍艦などを見学、続いてフィラデルフィアで百セント払って髭《ひげ》をそっている。貧学院、造幣局なども見学、写真屋に立ち寄って有名な観光地の写真を購入し、翌日ふたたび、ニューヨークへ向かった。その後、直憲は七人でブルックリンを発《た》ってナイアガラの滝を見物した。

ロンドン万国博覧会会場　水晶宮（国立国会図書館蔵『中等新撰地理 外国之部』より）

「巨流勇奔雲生《ゆうほんうんしょう》雷鳴の形趣との如きは難筆口に尽」と、そのすごさに圧倒され、さらに下にくだって滝を見上げ「実に盛大なる事、壮観なり」（『前掲書』）と感激している。このおり写真を撮ろうと「楼主」（土産物店の人物か）に言われ、写真をガラス板六枚に写して持ち帰ったが、相当な高額を請求されたようで「当所は人気悪敷《あしく》諸品高直《たかね》の趣《おもむき》なり」と日記に記している。

その後もニューヨークで貧学院をめぐったり、人体解剖に立ち会ったり、とても日本ではできない経験を重ね、三月になると、今度はイギリスへ渡り、ロンドンに滞在した。

英語教師マルトビーに英語を学びながら、ロンドンでも一八五一年の万博会場としてつくられた水晶宮や動物園、演劇などを見て回った。ただ、残念ながら日記は四月十五日で終わっている。その後、直憲はフランスのパリに滞在し、オーストリアにも足を延ばして万博を見物したという。

こうして近代文明を吸収した直憲は、明治六年十一月十五日に帰国した。

私財を投じて城を保存

帰国してみると、明治政府は征韓をめぐって真っ二つに分裂しており、西郷隆盛、板垣退助《いたがきたいすけ》、江藤新平《えとうしんぺい》など政府の有力者が下野した直後であった。

やがて板垣退助らが民撰議院設立の建白書を政府に提出し、有司専制《ゆうしせんせい》を批判し、国会の開設を求めると、これに賛同する声が高まり、自由民権運動が起こった。板垣らが地元高知県へ戻って立志社《りっししゃ》を起こすと、不平士族が中心になって各地に同様の政社《せいしゃ》(政治結社)が生まれていった。

彦根においても板垣らに同調して大東義徹《おおひがしぎてつ》ら旧彦根藩士らが、政府を辞して彦根に戻り、政社の設立を計画した。直憲の洋行に同行した西村捨三、橋本正人もこれに参加、彦根議社が設立されたのである。のちに彦根議社は名を集義社と改めるが、明治九年（一八七八）に不平士族の乱が続発し、明治十年に西南戦争が勃発すると、これに荷担すべきだと叫ぶメンバーも出てきたようで、リーダー格の大東と大音竜太郎《おおどりゅうたろう》らの身柄が東京などで拘束されてしまった。

このとき直憲は彦根に戻って、旧藩士たちに軽挙せぬよう慰撫《いぶ》につとめている。こうした努力もあって、西郷側に与《くみ》する者たちは出なかった。

このように直憲は、藩主の地位を降りたあとも、旧臣や旧領民の行く末を案じ、関係をもち続けた。

明治九年、旧藩士外村省吾《とのむらしょうご》を校長とする師範学校である彦根学校（現在の滋賀県立彦根東高等学校）が開設された。

この時期の師範学校はすべて官立であり、私立としては初めてだったとされる。校舎の新築には五千円以上を要したが、直憲が建築費を一時的に立て替えており、その後、学校が公立になってからも、明治二十年代までは井伊家が補助金を拠出していた。さらに直憲は、滋賀県尋常《じんじょう》中学校にも補助金を出し、明治十六年には七十歳以上の男女に贈与金を与えている。

明治十一年、彦根城は解体されようとしていたが、彦根に行幸した明治天皇によって永久保存が決まり、あやうく破壊を免《まぬか》れた。その後は陸軍省、さらに宮内省の管轄となったが、明治二十七年、直憲に払い下げられた。

直憲のほうから願い出たのである。払い下げが実現すると、城山周囲の数ヵ所の橋を私財で架け替えた。これにあわせて城や道路が増築・修繕された。直憲ら彦根の人々は、観光客を誘致するため、彦根城のある金亀山《こんきさん》を会場に物産展覧会を計画し、翌二十八年四月から六月にかけて展覧会が開かれ、二万七千人が入場する大盛況のうちに幕を閉じたのだった。

そんな直憲を旧臣や領民は慕い、東京から彦根へ転居してほしいと乞うようになった。そこでその願いに応じ、同年、直憲は本籍地を彦根に変え、時期を見て帰住することにしたのだった。人々は大いに喜んだといわれる。

翌明治二十九年に彦根が水害を被ったさいには、直憲は家令の堀部久勝を現地へ派遣して被災者を慰問させ、彼らに対して五百円の義捐金《ぎえんきん》を送っている。

このように直憲は、明治になってからも家財を惜しみなく拠出して郷土の発展のために尽力し続けたのである。

井伊大老の汚名返上

旧彦根藩士にとって、明治の世は生きにくい苦界《くがい》であった。直憲とその老臣・側近たちによって、彦根藩はいち早く朝廷の新政府に味方し、維新に大きく功績を残した。にもかかわらず、井伊直弼の通商条約の無勅許《ちょっきょ》締結や安政の大獄は、薩長藩閥《はんばつ》政府の憎悪《ぞうお》の対象であり、世間でも「志士を弾圧した悪辣《あくらつ》な政治家直弼」というイメージが定着してしまった。

彦根の人々にとって、井伊直弼の名誉回復は悲願となった。そこで直弼の記念碑の建設に明治十四年（一八八二）から本格的に動き出したのである。しかし、彦根でも時期尚早という意見もあり、候補地についても次々と先方に断られてしまう始末であった。ようやく明治十六年に横浜の戸部《とべ》不動山の鉄道局所有地に決定したが、結局、政府の圧力によって事業は頓挫《とんざ》することになった。

明治二十五年（一八九二）、彦根大洞《おおほら》の井伊神社において、旧藩主井伊先祖八百年祭が盛大に開かれた。それではずみがついたのか、翌二十六年にはふたたび横浜に直弼の顕彰碑を建てる運動が起こったが、当時の神奈川県知事が、「国事に殉《じゅん》じた霊魂の感情を害する」と述べ、うまくいかなかった。明治三十二年にも東京の有志たちが日比谷公園に碑を建てようとしたが、許可が得られなかった。きっと直憲もこうした政

掃部山公園（神奈川県横浜市）に建つ井伊直弼像

府や世論の反対に悔しい思いをしたことだろう。

　彦根の人々の悲願が叶《かな》ったのは、明治四十二年（一九〇九）のことであった。ようやく横浜の地に銅像が建設されることになったのである。

　直憲は、この知らせを聞くことはできなかった。それより七年前の明治三十五年（一九〇二）一月九日に五十五歳で死去していたからだ。おそらく生きていたら、父の復権を知って、大いに喜んだことだろう。

　直憲が亡くなったその年のうちに、滋賀県彦根市の佐和山神社《さわやまじんじゃ》参道に直憲の顕彰碑が建立された。やがて平成十五年（二〇〇三）に井伊神社に移設された。そのときに建てられた案内板には、次のような一文がある。

「直憲は弱冠《じゃっかん》十三才で彦根藩最後の藩主となった。（略）その後、幕府の大政奉還により、藩の去就を決するに当たり、藩是《はんぜ》であった『勤王の大義』に徹するという直憲の決意により、官軍に属することと決定した。これにより、徳川四天王の流れを汲む彦根藩の動向を窺《うかが》っていた各藩も官軍につく事に決し、明治政府成立への大きな原動力となった。その政治力、決断力は、まさに大老直弼の『開国の決断』にも比すべきものがある。（略）戊辰の役には奥州会津までも出兵し、多大の戦功を挙げた。（略）版籍奉還後は（略）欧米に留学し、近代国家の文化を学び今日ある彦根の文化、教育、産業振興の確固たる基礎を確立した。大老直弼は『日本の夜明け』を開いた開国の恩人であり、その息直憲は、まさに『彦根の夜明け』を開いた郷土の恩人、英雄と称すべきであろう。直憲の死後、その功績を偲《しの》び、彦根町、犬上郡、大阪市などの有志による基金をもって佐和山神社参道に公の『えい髪塚』を建立した。戦後は時世の変化や周辺樹木の繁茂するにまかせ、市民にほとんど知られることなく、道なき山中に人知れず孤高を保っていた。幕末・維新を通じて、苦難の道を歩み続けた直憲公の存在と功績が、再認識されることをこい願い、このたび多くの有志の浄財を得て『井伊直憲公顕彰碑』として由緒深い井伊神社の地に移設した」

まさに簡潔に彦根最後の藩主井伊直憲の生涯を言い表している。

日本史は彦根の夜明けを開いた郷土の恩人、英雄たる直憲の行動をもっと評価すべきではなかろうか――。

酒井忠篤

〝大西郷〟を敬愛し続けた庄内人

嘉永六年（一八五三）～大正四年（一九一五）

さかい ただずみ

●国名　出羽国
●居城　鶴岡城
●石高　17万石
●爵位　伯爵

嘉永6年（1853）、庄内藩主・酒井忠発の四男として誕生。義兄で10代藩主の酒井忠寛の死により、10歳で家督を継ぐ。戊辰戦争では奥羽越列藩同盟側として新政府軍と戦うが、9月に降伏。家名は存続したが、忠篤は謹慎処分となる。明治3年（1870）、藩士らと鹿児島に行き西郷隆盛に学ぶ。その後、ドイツへ留学して軍制研究をおこない、帰国後まもなく政府を去って実業界に。株式会社米商会所を創立。明治23年（1890）、西郷の教えをまとめた『南洲翁遺訓』を編纂。大正4年（1915）、63歳で逝去。

庄内藩《しょうない》

最上氏が内乱で改易後、酒井氏が信濃松代から入り、幕末まで続く。譜代で転封がなかった大名は珍しく、あまり例がない。米どころであるため、善政を布いた藩主が多く、領地替えの話が出たおりも、領民がとりやめを直訴するほどであった。鶴岡藩ともいう。

酒井忠篤（致道博物館蔵）

なぜ庄内には、西郷の書が多く残るのか

庄内《しょうない》藩の城下町、鶴岡《つるおか》は、庄内平野のほぼ真ん中に位置する。江戸時代初めに、酒井《さかい》氏が十三万八千石で入封した。初代藩主の忠勝《ただかつ》が鶴岡城に入り、庄内平野の支配を開始したのは、元和《げんな》八年（一六二二）のことであった。

徳川家康《とくがわいえやす》には徳川四天王と呼ばれた重臣たちがいたが、その筆頭が酒井左衛門尉《さかいさえもんのじょう》忠次《ただつぐ》だった。家康が今川義元《いまがわよしもと》の人質だった頃から献身的に主家を支えてきた第一の功臣であった。その孫が忠勝で、以後、庄内地方は明治維新まで酒井氏の領するところとなった。

山形県鶴岡市には、いまも七代忠徳《ただあり》が創設した藩校致道館《ちどうかん》が残っている。致道館の講堂には「敬天愛人《けいてんあいじん》」と大書された額がかかげられており、額の端には「昭和二年三月、伯爵《はくしゃく》酒井忠良《ただなが》書」と記されている。この忠良という人は、酒井氏十六代当主である。そして「敬天愛人」なる語は、周知のように薩摩《さつま》の西郷隆盛《さいごうたかもり》の座右の銘だ。庄内地方には、西郷降盤の揮毫《きごう》が多く残っている。いったいなぜ、酒井氏の当主が西郷の愛する言葉を大書し、庄内には西郷の書が多く残るのか——。

それは、庄内武士の多くが、西郷を心底敬愛してきたからである。

その発端は、戊辰《ぼしん》戦争にあった。この戦いが勃発したさい、庄内藩は会津《あいづ》藩ととも

に新政府から朝敵とされ、征討される立場に立った。

　新政府の中枢を占めた薩長に憎悪《ぞうお》されたからである。庄内藩は幕末に一貫して佐幕《さばく》派として行動し、江戸の薩摩藩邸を焼き討ちにしていた。

　ただし、これには正統な理由があった。新徴組《しんちょうぐみ》と称する浪士隊を抱える庄内藩は、江戸の治安維持にあたってきた。やがて大政奉還《たいせいほうかん》によって幕府が消滅すると、王政復《おうせいふっ》古《こ》の大号令が出され、薩長両藩を中核とする新政府が誕生する。新政府はすぐに、前将軍慶喜《よしのぶ》に対し辞官納地《じかんのうち》を命じた。徳川家を怒らせて暴発させ、武力で徳川を潰してしまおうと企図したのだ。

令和の現在、NEC本社がある薩摩藩邸跡（東京都港区）

　だが、賢い慶喜は、憤慨する旧幕臣や会津藩士たちをうまくなだめ、京都の二条城から静かに大坂城へと撤収し、事態を静観した。まもなく、諸藩から慶喜に同情が集まり、とうとう新政府内で薩長が力を失い、慶喜が新政府の盟主につく可能性が急浮上してきた。

　これより前、西郷隆盛は相楽総三《さがらそうぞう》ら

多数の浪人を江戸へ送り込み、これ見よがしに乱暴狼藉《らんぼうろうぜき》を働かせていた。彼らは悪さをしては薩摩藩邸へ逃げ込んでいた。江戸城二の丸の火事も、薩摩の不逞《ふてい》浪士の仕業だと噂された。西郷は倒幕派が失脚すると、さらに浪人たちの行動を激化させたのである。

あまりの無法ぶりに、さすがに幕閣も対策会議を開いた。その場には庄内藩家老の松平権十郎《まつだいらごんじゅうろう》が列席しており、江戸の治安を守る立場にあった権十郎は、断固、薩摩藩邸を攻撃すべきだと主張し、「もしそれができないなら、江戸の治安維持の役目は今後辞退する」と言い切った。これは、若き藩主酒井忠篤《ただずみ》の意志でもあったと思われる。

若く聡明な最後の藩主

忠篤は、文久《ぶんきゅう》二年（一八六二）に左衛門尉酒井家当主を継いで庄内藩十一代藩主となった。九代藩主忠発《ただあき》の四男であったが、十代藩主で叔父の忠寛《ただとも》が麻疹《はしか》のために二十四歳で死去したことから、わずか十歳で酒井家を継承した。なかなか聡明できかん気が強い少年であった。慶応《けいおう》元年（一八六五）十二月、次のような出来事があった。

新徴組が江戸市中を見回っている最中、にわかに馬に乗って突っ込んできた武士がいた。このため新徴組の三名が馬を斬り、落馬した武士を無礼討ちにした。のちにその武士が幕府の旗本であることが判明する。このため、旗本たちが新徴組の行為を非難し、幕府に下手人の引き渡しを求めてきた。この不穏な動きに幕府の閣僚たちは閉口し、忠篤を呼んで事情を話して善処を求めた。

忠篤は、「そういうことなら、今日から市中の取り締まりは御免こうむります。お預かりしている新徴組もお返しいたしましょう」と、その依頼をはねつけたという。もちろん、家老たちの入れ知恵かもしれぬ。だとしても、居並ぶ幕閣を前にして少年が言える言葉ではない。なかなかの度量である。ちなみに、旗本を斬った隊士らは忠篤の苦衷《くちゅう》を察し、切腹して果てたので事態は無事収拾された。

ともあれ、慶応三年十二月二十四日、幕府は庄内藩の言い分を認め、薩摩藩邸の焼き討ちを許可した。かくして翌日未明庄内藩兵が主力となり、薩摩藩邸を砲撃し、薩摩藩士や不逞浪士を江戸から駆逐《くちく》したのである。だが、それはまさに西郷ら倒幕派の思うつぼであった。この情報を耳にした大坂城の旧幕臣や佐幕派は興奮し、慶喜は彼らを抑え切れなくなって、とうとう京都への進撃を許してしまったからだ。

こうして旧幕府軍は、薩長を中核とする新政府軍と鳥羽《とば》・伏見《ふしみ》で激突した。戦いは新政府軍の圧勝に終わり、敗北を知った慶喜は大坂城から逃亡をはかり、江戸に着くと新政府に恭順の意を表し、上野寛永寺に籠《こ》もってしまった。

三月初めに新政府軍は江戸を包囲するが、徳川方の勝海舟《かつかいしゅう》が西郷隆盛にかけ合い、翌月、江戸無血開城がなされ、慶喜も処刑を免《まぬか》れ、徳川家も七十万石の大名として存続することになった。

これよりも前の二月十五日、酒井忠篤は江戸から脱した。三月一日には朝廷から召集命令を受けたが、忠篤はこれに応じず、白石《しろいし》や仙台《せんだい》で仙台藩と今後の対策を協議し、三月九日に国元へ戻った。そして新政府軍との戦いに備え、プロシアのスネル商会から大量の武器弾薬を購入した。

四月になると、新政府軍とそれに与《くみ》した天童《てんどう》藩、久保田《くぼた》（秋田《あきた》）藩、弘前《ひろさき》藩などが清川《きよかわ》口から攻め入ってきた。庄内藩はこれを難なく退けたうえ天童藩へ侵攻し、町を焼き払った。これを知った忠篤は大いに驚き、この行きすぎた軍事行動を諫《いさ》め、「撤兵しなければ暇を申しつける」と厳命したため、庄内軍は撤収したといわれる。

新政府への挑戦と挫折

この頃、庄内藩は同じく朝敵とされた会津藩と同盟を結んだ。こうしたなかで、東北諸藩の流れが変わり始め、会津と庄内が朝敵とされたことに対し、新政府に寛大な処置を求めるようになった。しかし、それが容《い》れられなかったので、三十一藩が奥羽《おうう》越列藩同盟《えつれつぱんどうめい》を結んで新政府に反抗したのである。こうして五月から本格的に東北戦争が始まった。

庄内藩は、敵対した新庄《しんじょう》藩へ攻め込んで新庄城を落とし、さらに秋田藩へ攻め入っていった。向かうところ敵なしで、何度も新政府軍をはねのけた。一方で、頼りにしていた東北諸藩は次々と新政府軍に寝返ったり、降伏したりして、九月に入ると、米沢《よねざわ》藩が降伏、さらに列藩同盟の盟主的存在であった仙台藩も新政府に帰順、とうとう会津藩も徹底抗戦したが降伏寸前であった。ここにおいて抵抗しているのは庄内藩だけになったのである。いくら強いといっても、庄内藩は支藩を合わせても二十万石足らず、孤立した戦いを続けていても新政府軍に勝ち目はなかった。このため、九月十六日に重臣が集まって会議を開き、大殿様と呼ばれた忠篤の父忠発の裁定により、最終的に新政府に降伏することに決した。

新政府軍の参謀は、薩摩の黒田清隆《くろだきよたか》であった。その黒田のもとに水野藤弥《みずのとうや》と山岸嘉右衛門《やまぎしかえもん》が派遣され、庄内藩は正式に降伏を申し入れた。これを聞いた黒田は、奥の一室にいた巨漢と何か話をしたあと、ふたたび庄内藩の使者のもとに出てきて、「城地を献納して藩主父子は菩提《ぼだい》所で謹慎すること。武器はすべて差し出すこと。ただちに国境の兵を撤収させること」を命じた。なお、黒田が話した巨漢というのは、お忍びでやってきていた西郷降盤であった。

黒田は、九月二十六日に致道館において忠篤と対面した。このとき黒田は庄内藩士が感激するような丁重な態度を見せたという。勝者が敗者に対するようなおごった態度は一切見られなかった。九月二十七日、庄内藩領に新政府軍が進駐し、鶴岡城の明け渡しがおこなわれ、武器が没収された。だが、庄内藩士から大小の刀を奪うことはしなかった。

この日、西郷自身も密《ひそ》かに庄内入りし、民家に宿をとっている。黒田は西郷に藩主忠篤の処分に関して、「藩主は久保田藩など隣国に預けるのがよいと思います」と述べた。すると、西郷は「それはよくない。庄内の藩主ゆえ、庄内においておくべきだ」と伝えた。「そんなことをすれば庄内が背《そむ》くかもしれませんよ」と黒田が言うと、「何、心配は無用だ。そのときはまた俺が参るから」と笑ったので、黒田も納得したという。これは、会津藩主に対する措置とは極めて対照的な寛大なものであり、のちにこの事実を知った庄内藩士たちを大いに感激させた。

十月に入って忠篤は新政府の総督府に対し、次のような謝罪文を提出した。

「臣忠篤、恐惶頓首《きょうこうとんしゅ》歎願奉り候、今度既往の始末柄恐懼《きょうく》に耐えず、前非を悔悟《かいご》、降服謝罪歎願奉り上候上は、勤王の素志実効奉上奉り度《た》く、未だ不逞の藩へ先鋒の御許容を蒙《こうむ》り、無二の素志を表し奉り度き志に御坐候へ共、王化追日遠隔に光被し、昇平同軏《げつ》偏《あまね》く御一新の御盛業を奉ず可き仰せと存じ奉り候、左候へば不逞先鋒の儀は虚文に属し、実効奏し奉り兼ね候ては別して深く恐れ入り、且《か》つは遺憾の至りと存じ奉り候、然《しか》りといえども罪戻の臣何をか申上ぐべき、ただ謹《つつし》みて天裁を仰ぎ奉るのみに御座候。かようの場合願いがましく申上げ奉り候儀は恐れ多く存じ候へども、方今《ほうこん》、御一新御隆興万機御経綸《けいりん》の折柄、如何《いか》様の御用筋となりとも、仰せ付け下し置かせ候はば、幾《いく》重《え》にも藩の力を尽し至難を踏み、上は朝廷の御為《おんた》め、下は勤王の素志謝罪の実哀を表し奉り度く、至願に耐えず、切に此の段はばかりながら恐惧をも顧みず俯して懇願奉り候、誠《せい》惶《こう》誠惶頓首頓首　十月　源忠篤」

（佐藤三郎著『庄内藩酒井家』）

十月九日、忠篤は数名の家来を伴い庄内を発ち、新発田《しばた》藩に移った新

黒田清隆（国立国会図書館蔵）

政府の総督府へ出向いた。この地で忠篤は「東京の菩提寺において謹慎し、新政府の命を待つように」という指示を受け、二十日、東京へ向かい、芝の清光寺《せいこうじ》で謹慎生活に入った。

十二月、庄内藩の処分が正式に決定した。庄内藩の酒井家は、いったん御家《おいえ》断絶としたうえ、特別の思《おぼ》し召《め》しをもって十二万石の新地を下賜《かし》し、忠篤の弟忠宝《ただみち》に新たに家督を継がせるというものであった。なお、忠篤は東京で謹慎することを命じられた。

新政府軍に逆らった東北諸藩は、戦後、厳しい領土削減を受け、塗炭《とたん》の苦しみを味わった。たとえば会津藩二十八万石はわずか陸奥斗南《むつとなみ》三万石に減封、越後長岡《えちごながおか》藩も領土を半減され、小林虎三郎《こばやしとらさぶろう》の米百俵の逸話にあるように、藩士は毎日の食事にも事欠く始末であった。

対して庄内藩はさして減封されず、徹底的に新政府軍に抵抗したわりには極めて寛大な処分で済んだ。しかしながら、示された新地は旧会津領であり、これは、薩長の嫌味以外の何ものでもなかったといえよう。このため、庄内藩重臣の菅実秀《すげさねひで》や庄内藩随一の地主で、藩の財政を支えてきた本間《ほんま》家は、処分を撤回してもらうため、歎願運動を始めた。

すると、明治二年（一八六九）六月になって、今度は新たに磐城平《いわきたいら》（現在の福島県いわき市）に国替えを命じられた。庄内藩としては何としても旧領に留めてもらいたいので、さらなる嘆願運動を続け、庄内の領民も代表者が上京して陳情活動をくり広げていった。この活動が功を奏したのか、七十万両の献金と引き替えに転封を中止してもらえることになった。だが、七十万両というのはあまりに莫大な額であり、結局、三十万両しか集めることができなかった。けれども新政府は、その額で許してくれた。ただし、藩名は「大泉《おおいずみ》」と改称させられてしまった。

この明治二年九月、前藩主忠篤も謹慎が解除された。

西郷隆盛の薫陶を求めて

翌明治三年（一八七〇）九月二十三日、大泉藩主酒井忠宝は、兄の忠篤ら以下、藩士七十余名の西国見学を新政府に申請して許可を得た。じつは忠篤の最大の目的は、鹿児島への留学にあった。当時、国元鹿児島にいた西郷隆盛の薫陶《くんとう》を受けたいと願ったのである。

戦後、庄内藩士たちは、自分たちに対する寛大な措置はすべて西郷の意志から出たことを知り、ひどく感謝するようになった。とくにまだ十八歳であった忠篤は、西郷という人物に師事したいと強く思うようになったのだ。かくして同年九月二十八日、忠篤はみずから藩士七十余名を率いて横浜港を出発した。忠篤一行は、西国をめぐったあと、十一月に鹿児島に到着した。

忠篤と会談した西郷は、たいへん丁重に応対し、「いったいどちらが敗者か区別つかないほどだった」といわれる。こうした態度が、ますます庄内の人々を感激させ、西郷人気は地元で高まっていった。

忠篤は鹿児島の地で、単なる書生・兵卒として兵学寮で自藩の士と寝食をともにし、洋装になって鉄砲を担ぎ、軍事調練に励んだ。これを見た大泉藩士たちも発奮し、すさまじい熱心さで調練や勉学にいそしんだ。

忠篤は握り飯も自分で握ったという。ただ、そのような経験は初めてだったので、最初は水もつけないで飯をつかみ、飯粒が手にくっついて閉口したという逸話が残る。

こうしておよそ四ヵ月半の間、鹿児島で西郷の薫陶を受けた忠篤は、同年三月二十三日に同地を去った。翌月、西郷が廃藩置県のために兵を率いて上京しているから、それとなく忠篤らは東京へ戻されたのではなかろうか――。

いまでも鶴岡に西郷隆盛の揮毫《しんぴつ》が多く残るのは、鹿児島に留学した大泉（庄内）藩士たちが、西郷に請うて、真筆をもらい受け、故郷に持ち帰ったからである。

その後も大泉藩士の鹿児島詣《もう》では続いたという。

西郷武家屋敷跡に建つ菅実秀と西郷隆盛の銅像（鹿児島県鹿児島市）

同年七月、新政府は廃藩置県を断行した。これにより大泉藩は、地上から消滅した。このおり忠篤は兵部《ひょうぶ》省に出仕することになり、同年十二月に練兵御用掛《ごようがかり》を命じられ、明治五年一月には陸軍少佐になった。しかし同年、西郷や黒田の勧めにより、忠篤は兵学修行のためドイツに留学することになった。かくして神戸《かんべ》善十郎《ぜんじゅうろう》、長沢《ながさわ》顕郎らを伴い、四月に横浜港を発った。それからなんと七年間もの間、忠篤はドイツで勉学に励むことになった。

この間、敬愛する西郷隆盛は故人になってしまった。忠篤がドイツに行った翌年、西郷は征韓論争に敗れて下野し、鹿児島で勢力を培《つちか》っていたが、盟友の大久保利通《おおくぼとしみち》の挑発に乗って部下たちが蜂起《ほうき》してしまい、仕方なくその首領となって政府に叛旗《はんき》を翻し、明治十年、西南戦争に敗れて死んだのである。

この報を遠く離れた異国の地で聞いた忠篤は、いったい何を思ったのだろうか――。

新政府は西南戦争が勃発すると、西郷に心酔している庄内藩士たちがこれに呼応することを極度に警戒している。すでに旧庄内藩士が蜂起することを見越して、その対策まで立てていたという。黒田清隆も菅実秀らに書簡を送って自重を促しつつも、旧庄内藩士らが蜂起するのはやむを得ないと見ていた。

結局、庄内の人々は西南戦争に呼応しなかった。あたかも西郷のように旧庄内藩士に慕われた菅実秀が、断固、これを許さなかったからだ。西郷と菅は、肝胆相照《かんたんあいて》らす仲になっており、その彼が「もし西郷先生が率先して蜂起するなら、必ず自分に連絡があるはず。それがないのは、その意志から出たものではないからである。鹿児島士族のために仕方なくその身を投げ出したのだ」と説得したのだといわれる。

明治十二年六月五日、忠篤はあとから留学した忠宝とともに日本に帰国した。母をはじめ東京にいる旧藩士たちが大勢横浜港に迎えにきた。

翌十三年、忠宝はみずから希望して兄の忠篤に家督を返した。こうして二十七歳にして忠篤は、ふたたび酒井家の当主となったのである。

同年二月二十六日、忠篤は徳川慶頼《よしより》の三女鎮子《しずこ》と結婚したが、翌月には、陸軍中尉として千葉県の佐倉分営所付を命じられた。それにしても、陸軍中尉とはあまりに低い地位である。西郷に親しい旧庄内藩主を冷遇しようとしたとしか思えない。

ただ、陸軍大将だった西郷がないいま、忠篤は日本陸軍には何の興味もわかなかった。ドイツでの留学成果も政府内で活かそうとは考えず、すぐに病気を理由に陸軍を辞職し、翌十四年四月、あっさりと東京を去って鶴岡へ戻ってしまった。以後、忠篤はこの地に永住することになった。

西郷を敬愛する庄内人

明治十七年、華族令によって忠篤は伯爵《はくしゃく》に叙《じょ》されたが、本間家の勧めもあって酒田米商会所という会社をつくり、本間家と菅秀実の補佐を受けながら実業に身を投じ、地元の産業の発展に尽くした。同時に旧庄内藩士らとときおり密かに集まっては、国賊とされた西郷の書をかかげその遺徳を偲《しの》んだと伝えられる。

明治二十一年になると、旧藩士らは堂々と旧藩校・致道館において西郷を祀る儀式を始めた。

翌二十二年、大日本帝国憲法が発布されたが、このときの恩赦によって、西郷はようやく賊名を除かれることになった。するとその翌年、西郷の言葉を集めた『南洲《なんしゅう》翁遺訓《おういくん》』が出版された。これを刊行したのは、鹿児島県人ではない。酒井忠篤をはじめとする庄内の人々であった。

　同書の出版責任者の一人である赤沢源也《あかざわげんや》は、この計画を知った警視総監に呼び出され、場合によっては内容を訂正してよいかとたずねられた。このとき彼は、「一言一句でも手を入れられては西郷先生の精神を失ってしまう」と拒否し、さらに刊行される直前、内容を一読した警視総監が訂正を要求してきたが、「それなら刊行しない」と帰ってしまったという。

　結局、警察のほうが折れ、そのまま出版できることになった。本来ならば、西南戦争のとき庄内藩士たちは忠篤指揮のもと、西郷とともに新政府と戦って散るべきであった。だが、それをしなかった。そんな思いが庄内の人々にはあった。ゆえに西郷に対する敬愛に加え、大きな後悔が、同書の出版として結実したのではなかろうか――。

　この本が出来上がったとき、忠篤は旧臣の伊藤孝継と田口正次を東京に派遣。さらに三矢藤太郎と朝岡良高を西国へ、富田《とみた》利騰と石川静正を北陸や北海道へ送った。彼らは『南洲翁遺訓』をたくさん風呂敷に包み、多くの人々に頒布《はんぷ》して回った。西郷という人物の偉大さを一人でも多くの人に知ってもらいたい。そんな忠篤の気持ちがよくわかる行為だ。

その思いはのちに叶《かな》い、同書によって感化された多くの若者が、近代日本を背負っていくことになった。

時代小説家の藤沢周平は、自分の故郷である庄内について、次のように語っている。

「山形県西部、庄内平野と呼ばれる生まれた土地に行くたびに、私はいくぶん気はずかしい気持で、やはりここが一番いい、と思う。山があり、川があり、一望の平野がひろがり、春から夏にかけてはおだやかだが、冬は来る日も来る日も怒号を繰りかえす海がある（略）そういう風景に馴《な》れた眼には、東京の、よほど好天でもなければ山が見えない風景はどこか物足りないし、また信州のような土地に行くと、今度は山が多すぎて少し息ぐるしい感じをうけるのである。庄内が一番いいというのは、そういうわけだが、そこにやや気は

西郷像（東京都台東区）の傍に立つ副碑には「敬天愛人」と刻まれている
（koro／PIXTA［ピクスタ］）

ずかしい気持がまじるのは、私が挙げたような風景は、そこで生まれた私にとってはかけ替えのないものであっても、よその土地から来たひとたちにとって、それほど賞美に値するものかどうかは疑わしいと思うからである」（『ふるさとへ廻る六部は』）

そうした美しい地で、忠篤は晩年、釣りやバラの栽培を趣味とし、悠々自適の生活を送り、大正四年（一九一五）六月八日、第一次世界大戦の大戦景気に浮かれる日本を見ながら、ひっそりと世を去った。享年六十三。その遺骸は、住み慣れた鶴岡の地にある酒井氏累代《るいだい》の菩提寺大督寺《だいとくじ》に埋葬された。

巻末付録

大名屋敷ガイド

歌川広重が描いた会津藩中屋敷
(国立国会図書館蔵『江戸勝景　芝新銭座之図』)

藩名	上屋敷	中屋敷	下屋敷
津和野藩	飯野ビルディング（千代田区）＋中日新聞東京本社		港区南麻布4丁目
磐城平藩	中央区日本橋浜町	中央区日本橋蛎殻町	豊島区大塚
唐津藩	日比谷公園	文京区本郷2丁目	江東区高橋
鳥取藩	帝国劇場		①北品川5丁目 ②浜松町ビルディング ③東郷神社
宇和島藩	国立新美術館＋青山霊園南東部		恵比寿3丁目
三田藩	国会前庭		港区白金台町1丁目
田野口藩	港区六本木7丁目		港区西麻布3丁目
佐賀藩	日比谷公園	住友不動産虎ノ門タワー＋虎の門病院＋共同通信会館	港区元麻布1丁目
熊本藩	丸の内オアゾ	高輪皇族邸	①江東区役所 ②浜町公園 ③戸越公園
一宮藩	中央区銀座6丁目	港区虎ノ門2丁目	墨田区横網2丁目
彦根藩	国会前庭＋憲政記念館	ホテルニューオータニ	明治神宮
庄内藩	大手町フィナンシャルシティ＋日経ビル＋ＪＡビル＋経団連会館	千代田区神田和泉町	左衛門橋（千代田区・台東区）

参考資料：『藩史大辞典』（雄山閣）、『歩く知る江戸城と大名屋敷』（洋泉社）、『江戸屋敷三〇〇藩いまむかし』（実業之日本社）など

『殿様は「明治」をどう生きたのか』1、2掲載
主要藩の江戸屋敷跡

藩名	上屋敷	中屋敷	下屋敷
会津藩	皇居外苑	ホテルヴィラフォンテーヌ汐留	慶應義塾女子高・中等部
桑名藩	越中橋（中央区）	中央区東日本橋1丁目・浜町1丁目	旧築地中央卸売市場
請西藩	九段会館		墨田区菊川
紀州藩	東京ガーデンテラス紀尾井町	赤坂御用地	旧芝離宮恩賜庭園
水戸藩	小石川後楽園＋東京ドーム	東京大学農学部・工学部	隅田公園
福井藩	大手町プレイス（千代田区の新街区）	越前堀児童公園（中央区）	①墨田区役所 ②中央卸売市場豊島市場
土佐藩	東京国際フォーラム	中央区役所	品川区東大井3丁目
尾張藩	防衛省	上智大学	戸山公園
静岡藩	渋谷区千駄谷1丁目（紀州藩千駄ヶ谷抱屋敷）		
徳島藩	千代田区有楽町2丁目	芝税務署	①中央区湊1丁目 ②港区白金台4丁目 ③深川八幡前（江東区）
広島藩	国会前庭＋国土交通省＋総務省	赤坂サカス	表参道ヒルズ
岸和田藩	日比谷高校	江東区深川・森下	渋谷区神南
米沢藩	法務省旧館赤レンガ	港区麻布台3丁目（旧日本郵政グループ飯倉ビル）	港区白金

◎参考文献

徳川慶喜
遠藤幸威著『女聞き書き 徳川慶喜残照』朝日文庫
安藤信正
いわき市史編さん委員会編『いわき市史　第二巻　近世』いわき市
平市教育委員会編『安藤侯史料集　全五巻』郷土史料双書刊行会
藤沢衛彦著『閣老安藤対馬守』有隣洞書屋
小笠原長行
岩井弘融著『開国の騎手　小笠原長行』新人物往来社
今井信郎著『蝦夷之夢』（大鳥圭介・今井信郎著『南柯紀行・北国戦争概略衝鉾隊之記』所収、新人物往来社）
小笠原壹岐守長行編纂会編『小笠原壹岐守長行』同会
児玉幸多・北島正元編『物語藩史　第二期　第七巻　九州の諸藩』人物往来社
野口武彦著『長州戦争―幕府瓦解への岐路』中公新書
池田慶徳
河手龍海著『鳥取池田家 光と影』富士書店
児玉幸多・北島正元監修『新編物語藩史　第七巻　近畿地方の諸藩（一）』新人物往来社

笹部昌利著「幕末政治と鳥取藩」(『鳥取藩二十二士と明治維新』所収) 鳥取県立博物館
鳥取県編『鳥取県史　近代　第二巻　政治篇』同県
鳥取県立博物館編『贈従一位 池田慶徳公御伝記　四・五』同館
藤澤匡樹著「慶応4年前半の因州藩における内紛とその処理について」(『アジア地域文化研究第10号』所収) 東京大学大学院総合文化研究科・教養学部アジア地域文化研究会
本多肇編『因伯藩主池田公史略』鳥取史蹟刊行会
山根幸恵著『因幡二十士をめぐる　鳥取藩幕末秘史』毎日新聞社

九鬼隆義

三田市編さん専門委員監修『三田市史　第1巻　通史編Ⅰ　第2巻　通史編Ⅱ』三田市

松平乗謨

中村勝実著『もう一つの五稜郭 信州龍岡城』櫟

細川護久

猪飼隆明著『熊本歴史叢書⑤　細川藩の終焉と明治の熊本』熊本日日新聞社
熊本ルネッサンス県民運動本部企画・編集『新肥後学講座　明治の熊本』熊本日日新聞社
三澤純著「お姫様たちの西南戦争―史料の解題と紹介」(『文学部論叢93』所収) 熊本大学

加納久宜

伊佐秀雄著『馬産界の功労者 加納久宜』日本出版社
大圄純也著『加納久宜 鹿児島を蘇らせた男』高城書房

「町村の経営」内務省地方局編『第一回地方改良事業講演集　下巻』（『地方改良運動史資料集成　第四巻』所収、柏書房）博文館
「産業組合の活動」（内務省地方局編『第二回・第三回地方改良講演集　上巻』所収）博文館

井伊直憲

彦根藩資料調査研究委員会編（編集代表 佐々木克）『彦根城博物館叢書1　幕末維新の彦根藩』彦根市教育委員会

酒井忠篤

佐高信著『西郷隆盛伝説』角川学芸出版
佐藤三郎著『庄内藩酒井家』中央書院
本間勝喜著『シリーズ藩物語　庄内藩』現代書館

その他

奈良本辰也監修『幕末維新人名事典』學藝書林
『別冊歴史読本　徳川３００藩 最後の藩主人物事典』新人物往来社
『別冊歴史読本　江戸三百藩藩主総覧』新人物往来社

◉河合 敦（かわい・あつし）
歴史研究家・歴史作家・多摩大学客員教授、早稲田大学非常勤講師。
一九六五年、東京都生まれ。青山学院大学文学部史学科卒業。早稲田大学大学院博士課程単位取得満期退学。歴史書籍の執筆、監修のほか、講演やテレビ出演も精力的にこなす。『早わかり日本史』（日本実業出版社）、『逆転した日本史』、『禁断の江戸史』（小社）、『渋沢栄一と岩崎弥太郎』（幻冬舎新書）など著書多数。初の小説『窮鼠の一矢』（新泉社）を二〇一七年に上梓。

殿様は「明治」をどう生きたのか2
発行日　2021年7月2日　初版第1刷発行

著　者　河合 敦

発行者　久保田榮一
発行所　株式会社 扶桑社
〒105-8070
東京都港区芝浦1-1-1　浜松町ビルディング
電話　03-6368-8870(編集)
03-6368-8891(郵便室)
www.fusosha.co.jp

印刷・製本　図書印刷株式会社

Printed in Japan
ISBN 978-4-594-08904-7